Claudio Rodríguez

By Claudio Rodríguez in Spanish:

Don de la ebriedad
Conjuros
Alianza y condena
Poesía 1953–1966
El vuelo de la celebración
Desde mis poemas (ed. Claudio Rodríguez)
Casi una leyenda
Hacia el canto (ed. Claudio Rodríguez and Luis García Jambrina)
Poesía completa (1953–1991)
La otra palabra: Escritos en prosa (ed. Fernando Yubero)
Aventura (ed. Luis García Jambrina)
Poemas laterales (ed. Luis García Jambrina)

Collected Poems / Poesía completa

1953–1991

CLAUDIO RODRÍGUEZ

Translated and introduced by
Luis Ingelmo and Michael Smith

Shearsman Books
Exeter

First published in the United Kingdom in 2008 by
Shearsman Books Ltd
58 Velwell Road
Exeter EX4 4LD

First Edition

ISBN 978-1-84861-009-5

Original texts copyright © Herederos de Claudio Rodríguez, 2001.
Translations and Introduction copyright © Luis Ingelmo and Michael Smith, 2008.

The right of Claudio Rodríguez to be identified as the author of this work has been asserted by his Estate in accordance with the Copyrights, Designs and Patents Act of 1988. The rights of Luis Ingelmo and Michael Smith to be identified as the translators of this work, and as the authors of the Introduction, have likewise been asserted by them. All rights reserved.

Acknowledgements
The editors and the publisher express their thanks to the Fundación Siglo para las Artes de Castilla y León for their financial assistance with this project, and to the author's widow, Sra Clara Miranda, for her kind support.

For permission to print the original texts and the translations contained in this volume, we are indebted to Tusquets Editores, S.A., Barcelona, publishers of the *Poesía completa* of Claudio Rodríguez (2001).

Contents

INTRODUCTION   11

GIFT OF INEBRIATION [1953]
   FIRST BOOK
      I   33
      II   33
      III   35
      IV   37
      V   39
      VI   41
      VII   43
      VIII   45
      IX   47

   SECOND BOOK
      Song of Awakening   49
      Song of Walking   51

   THIRD BOOK
      I   59
      II   61
      III   63
      IV   65
      V   67
      VI   69
      VII   71
      VIII   73

CONJURINGS [1958]
   FIRST BOOK
      To Breathing on the Plain   79
      To the Stars   81
      Sunny Day   85
      At the Town Gates   87

The Song of Flaxes	89
With a Litre of Wine	93
Eternal Harvest	95
To the Noise of the Duero	97
To My Spread Out Washing	103

SECOND BOOK

To a Beam of an Inn	103
To the Swallows	105
Before an Adobe Wall	107
At the Hearth's Fire	107
Taking a Walk Down My Street	111
First Colds	113
A High Wage	115
Summer Rain	117

THIRD BOOK

The Hill of Montamarta Says	119
To That Cloud	121

FOURTH BOOK

Vision at Siesta Time	125
Incident at the Jerónimos	127
The Contract of Young Men	133
He Will Always Be My Friend	137
A Bunch of Flowers Through the River	137
Big Game	139
Agathas' Dance	143
Dawned Pine Grove	145

ALLIANCE AND CONDEMNATION [1965]

I

Witches at Midday	153
Gestures	159
Because We Don't Possess	161
Shells	167
Through Wolf Country	171

Eugenio de Luelmo		177
A Night in the Neighbourhood		183

II

Foam		187
Spring Wind		187
Sparrow		191
Rain and Grace		191
Sunflower		193
Bad Sunset		195
Money		195
Snow in the Night		197
Facing the Sea		201
Town on the Plateau		203

III

An Event		209
In Winter a Sad Tale Is Better		211
Heavens		213
Oblivious		213
Toward a Memory		215
A Moment		217
Miserly Time		219
Farewell		221
Night Wide Open		223
Like the Sound of the Poplar Leaves		225
A Smell		225
Lawless		229
Daybreak		231
What Is Not a Dream		231
A Light		233
A Good		235

IV

Ode to Childhood		237
Ode to Hospitality		245

The Flight of Celebration [1976]

I

A Wound in Four Times
1. ADVENTURE OF A DESTRUCTION — 255
2. A NIGHTMARE'S DREAM — 257
3. WOUND — 259
4. A PRAYER — 263

II

Sand — 265
Shadow of the Poppy — 265
Moorings — 267
Wild Plum Tree — 269
Ballet of the Paper Sheet — 271
Tear — 273
A Poet's Dog — 273
A Wind — 277

III

Cantata of Fear — 279
What Doesn't Wither — 285
The Window of Juice — 291
Spinning Thread — 293
November — 295
The Vivid Contemplation — 297
Towards Light — 301
Nightless — 301
An Apparition — 303

IV

Merely a Smile — 307
While You Sleep — 309
Quiet Music — 311
Sister Lie — 313
Voice Without a Loss — 317
Right There — 319
Salvation from Danger — 321
Without a Farewell — 323

V

  Elegy from Simancas   327

Almost a Legend [1991]

Almost a Legend
  Street Without a Name   337

At Night and in the Morning
  Revelation of the Shadow   343
  The Morning of the Owl   345
  Nocturne of the House Gone   351
  New Day   359
  Manuscript of a Breathing   361

Main Interlude
  The Theft   367

Love Has Been at Fault
  [Here now is the miracle . . .]   377
  'The Nest of Lovers'   377
  Moment of Refusal   381
  Lament to Mari   385
  With the Five Pine Groves   387

Second January Interlude
  A Toast for the 6th of January   389
  Ballad of a 30th of January   389

I Never Saw so Dead a Death
  The Almond Trees of Marialba   395
  Without an Epitaph   399
  The Blue Glazier   399
  Solvet seclum   403
  Secreta   407

Index of First Lines / Índice de primeros versos   408
Index of Titles / Índice de títulos   412

To Irene

To Charo and Andrea, as always,
and to W. Michael Mudrovic—fine scholar and better friend

The Poetry of Claudio Rodríguez
An Introduction

I

Claudio Rodríguez was born on 30 January 1934 in Zamora, then a very provincial, almost parochial, town, and for many people permanently overshadowed by the gilded-stoned and university glory of Salamanca. Rodríguez's family was middle-class, both financially—they owned some land and properties—and historically, and their convictions and principles reflected those of the petit bourgeoisie. Although a child during the Spanish Civil War, Rodríguez was only incidentally affected by it and never so consciously as for it to become a part of his own self. All the memories—an execution by firing-squad, the air raid sirens, and so on—he would later recall, seem to be tinted by later reflections, always through a haze of confusion and re-creation.

Rodríguez's daily life passed in Zamora, where he studied in that town's primary schools, but he spent his holidays in the family's country house. There he was in direct contact with nature, with a sense of a rhythm in life that originated from observing the cultivation of the fields, the steady and yearly sowing, watering, fertilizing, growing and harvesting of grain. Critics agree that these early formative years were of crucial importance in the development of the poet's symbolic and poetic consciousness, so closely linked to his Castilian landscape.

Slowly but surely, Rodríguez's relationship with his parents, and particularly with his mother, became tense, a situation compounded by the fact that his twin sisters were of no great help in this matter, being eleven years younger. So, the young man resorted to getting away from both his family and the town into the countryside, where he felt more at ease. Within time, what began as a means of flight from family conflicted with a search for peace of mind and this turned into a habit, something the poet himself referred to as his 'walking craze'. This activity intensified after his father's death, when the poet was only thirteen years old, and the family came to ruin and were forced to sell off their properties. Nature and keenness in walking—a founding duality in Rodríguez's poetry—was also part of his temperament and his view of life.

> Little did I know then, nor now, that contemplation, that is thought, entails morality, and that my long walks through the

fields in my homeland were shaping and, at the same time, modifying my appreciation of things and of my own life.[1]

Those were also the years in which the poet started reading from his father's bookshelves, rich in the Spanish classics and contemporary authors, but also, unusually, filled with philosophical treatises and French poetry—mostly the symbolists: Rimbaud, Baudelaire, Mallarmé and Valéry—exceptional for a provincial library. One should not regard these early readings as merely a minor curiosity in Rodríguez's life, for they accompanied the poet not only in those early years, but throughout his intellectual and artistic life. Luis García Jambrina, one of the most knowledgeable scholars who, besides being a close personal friend of the poet, has devoted his academic research to the work and person of Claudio Rodríguez, claims that

> . . . out of those who spend their days studying and writing, Claudio Rodríguez admired, above all, philosophers who seek their own roots in Greek thought and classical philologists, for they are the closest to the origin and heart of our culture and our language.[2]

At the same time, Rodríguez's studies of Latin, French and literature at school led him to develop a taste for metre and the sense of an inner beat, which later appeared in the choice of verse in his first book, *Gift of Inebriation*, written in hendecasyllabic verse, the truly Castilian poetic pattern: the walking beat, the metre of the innermost communion of man and earth. Not for nothing, Rodríguez insisted not only that his first book of poems had been written while walking—he learned it by heart—but also that he had

> written almost all [his] poems while walking. Never on a worktable. The physical act of walking can influence even the poem's rhythm. That was very clear in Antonio Machado's

---

[1] Claudio Rodríguez, 'A manera de un comentario', preface to *Desde mis poemas*, ed. C. Rodríguez (Madrid: Cátedra, 1984), p. 15. This, and all other translations in this introduction, are by Luis Ingelmo and Michael Smith.
[2] Luis García Jambrina, 'Conferencia inaugural', in *Aventura*, No. 1, Proceedings of the II Jornadas on Claudio Rodríguez ('Claudio Rodríguez y la traducción de poesía', Zamora, November 30 and December 1–2), ed. Seminario Permanente Claudio Rodríguez (Zamora, 2007), p. 15.

poetry—it is not quite the same to contemplate things while walking than at great speed.[3]

The 1950s is the decade in which Rodríguez made his poetic debut, and it is also the time when he moved to Madrid to study Philosophy and Letters at the Universidad Central. In addition it was when he met two decisive people in his life: Clara Miranda, who became his friend, his companion and, in time, his wife, and Vicente Aleixandre, with whom he at first shared an epistolary relationship that turned into a life-long personal friendship. It was Aleixandre who received the manuscript of *Gift of Inebriation*, to his great surprise and delight, a joy that was increased when the book was granted the *Adonáis* Prize for Poetry in 1953. José Hierrro, one of the members of the panel of judges, admitted about the book:

> He spoke to us about something which is within arm's reach—chair, shirt, beam . . . —but somehow it was as if he was pulling our leg. And yet, he refers to something deeper, more intense. He is a magician, talking about something and then turning it into a symbol. He has an incredible gift. He is a rare, unique poet. Claudio does not have distinctive traits, but everything in him is distinctive.[4]

It is most likely that the Madrid of the 1950s did not supply Rodríguez with what he had left behind in the Zamoran countryside, that is, the community of men and land, the living pulse felt through the regeneration of the fields and the cycle of birth and death. Madrid must have been an opportunity to make contacts with other poetic figures of the time, but granted the lack of association with any literary generation, Rodríguez's acquaintance with those men must have functioned at a personal rather than an aesthetic level, even though critics tend to assign him to the so-called '50s generation, which will be deliberately left here with a lower-case 'g' in order to point out the absence of a common thread that would

---

[3] 'Claudio Rodríguez o la influencia de todo: Entrevista de Federico Campbell', in Claudio Rodríguez, *La otra palabra: Escritos en prosa*, ed. Fernando Yubero (Barcelona: Tusquets, 2004), p. 226.

[4] Jesús Hernández, 'Acedémico, cumplidor y defensor de la lírica', in *La Opinión*, July 23, 1999, p. 14. Quoted by M. Antonia Mezquita Fernández in *William Blake y Claudio Rodríguez: Visiones luminosas* (Salamanca: Instituto de Estudios Zamoranos 'Florián de Ocampo', 2006), p. 24.

link those traditionally included in that group: José Hierro, Blas de Otero, Carlos Bousoño, Ignacio Aldecoa, Francisco Brines, José Ángel Valente, Ángel González, Carlos Sahagún, Luis Rosales, Leopoldo Panero. Finally, in 1957 Rodríguez obtained a degree in Romance Philology and, once again, packed his bags, this time for England.

Nottingham first, until 1960, then Cambridge, until 1964, were the two university towns that welcomed a young language assistant who became familiar with the English language and its writers. Soon after arriving in Nottingham, *Conjurings*, Rodríguez's second book, was published. It was a collection that had gestated while he was still on Spanish soil: full of the fields and the people of the Castilian landscape, but already a poetry turned to the objects, the activities of men, the matter of things, less metaphysical than *Gift of Inebriation*. It was also, according to the poet, a book written with an 'exclamatory tone—to conjure is to ask for things exclaiming.'[5] We should also take into account that conjurings, that is, spells or incantations, were an amalgam of 'ancient science, witchcraft arts, Christianity and superstition'[6] ('Witches at Midday' will be the first poem of Rodríguez's third book, which is somehow the link that gives continuity to his second and third books), a mixture found in the Anglo-Saxon herbaria and recipe books collecting remedies against ailments and other illnesses. Conjuring is, then, a means of naming things as they are, of bringing back those things by naming them.

> A great deal of contemporary poetry—and not only Spanish, for that matter—doesn't quite ring as true, or useful, and not only due to its absurd naming as 'free verse', but also because of the essential distance between language and things. Things that warned me, walked along with me, lit up my way and blinded me: 'the eagerness of daring to say *apple* or contemplating, like St. Teresa of Jesus, *water for a long time'* . . . The form of matter, of its activity that grows calm or suddenly starts beating, like an attack that has to be struck, hatched. What man ignores. And it is necessary that the dark bulk of becoming has a specific location.[7]

Thus, England, and especially Cambridge, proved to be the right atmosphere for Rodríguez's inspiration and for the composition of his

---

[5] 'Claudio Rodríguez o la influencia de todo', p. 225.
[6] Cf. *Beowulf y otros poemas anglosajones. Siglos VII–X*, ed. and trans. Luis Lerate and Jesús Lerate (Madrid: Alianza, 1986), p. 171.
[7] Claudio Rodríguez, 'A manera de un comentario', pp. 16–7.

third book, in which the influence of the English poets was obvious even to himself:

> English poetry, for instance, has been influential to me in the rigour of its structures, in the way it approaches the poem. In Spanish poetry the poet usually starts writing in an uncontrolled fashion, thoughtless of the boundaries or the fabric of the poem. The poem, then, will inevitably untack, it's just like a shirt—it can be well or badly made. But that rigour doesn't deny magic or fantasy or a harmonious madness. There can be harmony within madness.[8]

One could easily argue that *Alliance and Condemnation* (1965) was written by two hands, those of Rodríguez and Aleixandre. It is well known that Rodríguez took very much into account the advice given to him by the Nobel Laureate regarding the composition of this book, from the arrangement of the poems, through a tentative new classification of the poems into 'whispered' and 'cursed', and to the point of the apparition of the word *alliance* within the title. Regarding this matter, Rodríguez had a few words of explanation:

> When in my most recent book I say 'alliance and condemnation', I do not allude to alliance as a concept. There is condemnation within alliance, just like there is alliance within condemnation. It is a—let's say it with a very pretentious word—dialectic process.[9]

Throughout all that time in Cambridge, it was Aleixandre who kept Rodríguez's spirits high when his confidence and faith in his verse started to flag.

Back in Madrid, Rodríguez worked as a professor of Spanish Literature in several teaching institutions, including the Universidad Complutense.

The following years were difficult ones for Rodríguez on a personal level. Two mournful events mark that time: both his mother and one of his twin sisters died, the first in 1974 and the latter a little more than a year later. These deaths predominate in his next book, *The Flight of Celebration*, despite its apparent festive title. In his own words, the poems dealt with

---

[8] 'Claudio Rodríguez o la influencia de todo', pp. 221-2.
[9] Ibid, p. 218.

> . . . celebrating what opens up or what closes down from all vital possibilities: the figure of things, the power of feelings that can end up in fertility or in drought. It is like a 'liveliness' that recreates, fleetingly, what startles and shapes us, and polishes, and improves us. Celebration as knowledge and as remorse. As servitude, giving to this word the most perceptive of meanings: human fate, with all its adjectives.[10]

As for remorse, the poems in this book return to a more spiritual territory. They lack the exclamatory quality of the former conjurings, and have left behind the dualism of all things in life (the nearby and the remote, building and annihilation, the fascinating and the terrible, alliance and condemnation) in order to move on into a more pensive tone. Remorse, therefore, should be understood as a cleansing process, as a way to clarify what was previously obscure or deeply hidden within ourselves.

From this time on, Rodríguez became one of the most outstanding poets of his generation, not only widely read among students and scholars, but also invited to many symposia around the world, and that is clear in the type of institutions that invited him to participate in readings —they include the Modern Language Association in Houston, Texas, in 1981 and the Spanish Institute of New York City, in 1982.

In 1983 he was awarded the National Prize for Poetry, and in 1986, the Castile and León Prize for Letters. From 1987 onwards he wrote for the newspaper *ABC*, mostly dealing with literary matters, but also printing some of his previously unpublished translations of T. S. Eliot, an undertaking that had begun back in his days at Cambridge and continued after his return to Madrid. It remained an unfinished task because, due to his perfectionism, Rodríguez never found adequate time to deal with Eliot's *Four Quartets* and the commissioning Spanish publishing house grew so impatient as to drop the project altogether.

On December 1987 he was elected a full member of the Spanish Royal Academy of Language, filling the position vacated by the death of Gerardo Diego.

1991 was the year of the publication of Rodríguez's fifth, and final, book of poems, *Almost a Legend*, which was given a warm reception by both critics and readers; it was awarded a number of literary prizes.

---

[10] Claudio Rodríguez, 'A manera de un comentario', p. 21.

Life is like a legend, therefore the title—it is as if what's past had not occurred, or was very confused. I wanted to start the book with a revised quote by Dante, though I later decided not to: '*sí che la vista pare e non par vera*' (*Paradise* XIV, 72). I modified it by changing one word: '*sí che la vita pare e non par vera.*' That's the motivation, not only for the book, but for all my poetry. I feel as if I'm confronting a legend and not a story.[11]

Institutional positions, awards and appointments followed: the Prince of Asturias Prize for Letters, and the Queen Sofía Prize for Latin-American Poetry (both in 1993); Patron of the Cervantes Institute (1995); member of the Castile and León Academy of Poetry (1996); Castile and León Academy Prize for Poetry for his poetic career (1998). In addition, several universities and schools devoted courses and seminars to his work.

He died on 22 July 1999 in Madrid, after suffering a very serious illness. He is buried, at his express wish, in the cemetery in Zamora. His death was, then, just a return to his beginnings, going back to where he started, one more stage in his continuing adventure. He left unfinished a folder with the semi-arranged manuscript of what he wished to become his next book of poems, a book that would have had the most revealing of titles: *Aventura*.[12]

---

[11] 'El hombre no puede ser libre. Entrevista de Juan Carlos Suñén', in Claudio Rodríguez, *La otra palabra*, p. 237.

[12] A large format facsimile edition of the many manuscript poems, at several stages of their development, was published by Luis García Jambrina in book form: Claudio Rodríguez, *Aventura*. Salamanca: Ediciones Témpora (Tropismos), 2005. There is also a small-format limited edition volume of the non-canonical, so-called 'side' poems—never included by the poet in his books—collected by Luis García Jambrina: Claudio Rodríguez, *Poemas laterales*. Teguise, Lanzarote: Fundación César Manrique, 2006.

II

It should be said at the start that Claudio Rodríguez is not a nature poet in the sense that that nomenclature has in the corpus of English poetry, from the Old English 'Seafarer' to the poetry of, say, Thomas Hardy, Dylan Thomas, Ted Hughes or Seamus Heaney. Even the pantheistic nature poetry of Wordsworth or Shelley has a contextuality that eliminates most difficulties of comprehension. So, too, the ambiguity of the nature poetry of Robert Frost or Elizabeth Bishop. It is generally true to say that nature poetry in English almost invariably has a specificity, a kind of concreteness of imagery, that is a core element of nature poetry in English. It is a sort of poetic empiricism and possesses a kind of palpable referentiality. Even if we take a pantheistic poem such as Shelley's 'Ode to The West Wind', one can still see one's way through its mystical nebulosity.

> Romantic 'nature poems' are in fact meditative poems, in which the presented scene usually serves to raise an emotional problem or personal crisis whose development and resolution constitute the organizing principle of the poem.[13]

Perhaps it was the poetry of Shelley and Keats that had the greatest appeal for Claudio Rodríguez. He is not, however, a Spanish version of an English romantic any more than Vicente Aleixandre was a Spanish Milton. For some peculiar reason, often remarked on by the Argentinian Borges, English poets tend towards realism as opposed to nominalism, using these terms in their Thomistic sense. And this poses problems for the modern translator. Despite all the lip-service given to the greatness of the poetry of William Blake—perhaps England's greatest mystical poet—many English readers experience a certain uneasiness with his poetry, and this is despite the fact that not only Blake but also the 17th century poet Thomas Traherne produced a large body of mystical nature poetry. In fact, an interesting comparison could be made between Traherne's poetry and that of Rodríguez. One would, of course, have to take into account Traherne's religious preoccupations. But here is a brief description of Traherne's poetry by Anne Ridler, Traherne's editor:

---

[13] M.H. Abrams and Jack Stillinger, 'The Romantic Period: 1798-1832', in *The Norton Anthology of English Literature*, Vol. 2, General ed. M.H. Abrams (New York & London: W.W. Norton & Co., 1986, 5th ed.), p. 8.

Traherne is a master of the Affirmative Way, which pursues perfection through delight in the created world. Every emphasis in his writings is on inclusive love, and one has only to read the *Centuries* alongside other religious writings of his time . . . to see how unusual he was in his lack of emphasis on sin. The affirmations of the *Centuries* may seem to diverge from the central theme of mysticism, as expressed by St. John of the Cross, that the soul must free itself from the love of created beings, for Traherne boldly says 'Never was any thing in this World loved too much'.[14]

One wonders why some translator has not yet got around to putting Traherne's poetry into Spanish. It would have been an ideal undertaking for Rodríguez. And this leads one back to a comment Borges made in his essay on Keats's 'Ode to a Nightingale'. In that essay, Borges discusses the problems he perceives English critics have with Keats's poem:

> . . . one can state of the English mind that it was born Aristotelian. For that mind, not abstract concepts but individual ones are real; not the generic nightingale, but concrete nightingales. It is natural, it is perhaps inevitable, that in England the 'Ode to a Nightingale' is not understood correctly.[15]

He further elaborates on this comment with the following:

> Please do not read reprobation or disdain into the foregoing words. The Englishman rejects the generic because he feels that the individual is irreducible, inassimilable, and unique. An ethical scruple, not a speculative incapacity, prevents him from trafficking in abstractions like the German. He does not understand the 'Ode to a Nightingale'; that estimable incomprehension permits him to be Locke, to be Berkeley, to be Hume . . .[16]

One may think that think Borges' judgement here is rather flawed by his generalisation of 'the English mind', but he has a valid point about the empiricism of English culture, notwithstanding the many exceptions

---

[14] Thomas Traherne, *Poems, Centuries and Three Thanksgivings*, ed. Anne Ridler (London: Oxford University Press, 1966), p. xvii.
[15] Jorge Luis Borges, 'The Nightingale of Keats', in *Other Inquisitions*, trans. Ruth L.C. Simms (New York: Washington Square Press, 1966), pp. 127–30.
[16] Ibid, p.130.

one can find, such as Blake and Traherne, to mention just two names. And it is this empirical cast of mind that often acts as a block to the appreciation of cultures of a more idealistic nature.

Rodríguez's poetry has a cosmic vision. Sun and Earth are viewed in an interdependent relationship, the sun the source of all living things, present in all their manifestations. Dawn is not dawn in the ordinary sense of the word, not simply daybreak, but the sun's renewal of all that lives. The seed scattered by the wind must not only find earth in which to germinate, but needs the benediction of the sun to realise its corporeality. And it is this process of realisation that seems to be the focus of Rodríguez's poetry rather than the concrete manifestation of things. This process of the sun has, of course, its reality: but in Rodríguez's poetry it has a beatification of a mystical nature. It should not be confused with traditional pantheism, which is also mystical, as, for instance, in Shelley's 'Ode to the West Wind'.

It's easy enough to see how Shelley's poem can bear some comparison with many of the poems by Rodríguez. But the mystical dimension of Rodríguez's poetry is of a different order that seems to be part of the Spanish tradition, and rather alien to the English tradition.

This is not to say that English poetry has no mystical dimension. In Old English there is Caedmon, and there is the 17th century poet Henry Vaughan, and there is William Blake, and there is Gerard Manley Hopkins, and there is also T.S. Eliot, whose poetry Rodríguez translated while in Cambridge. But this mystical dimension of English poetry is rare enough and usually approached by readers of English poetry cautiously and even apologetically, as something rather alien. Furthermore, it usually has a fairly conventional religious contextuality and an anthropic centrality that facilitates accessibility.

> My poetry has a religious undertone, but I am not of the confessional type. I have been more of a pagan—I always liked to enjoy myself. But poetry has something holy to it, it looks for the secret, it is a celebration of life: of the joyful and the festive, but also of the poignant and of suffering, of all realities of human life. And, in this sense, it is an act of faith. The poet is like a priest who opens up the tabernacle in order to look inside.
> . . . Perhaps that is why the great poets sound as if they were praying, like a prayer or an imprecation.[17]

---

[17] 'Yo no puedo escribir poemas adrede: Entrevista de Miguel Mora', *El País*, December 15, 1998, p. 40. Quoted by M. A. Mezquita Fernández in *William Blake y Claudio Rodríguez*, p. 25.

William Blake was mentioned and linked to Rodríguez not so much for the latter's mysticism but for the fact that he liked to think of his poetry as some kind of prophecy, in the sense of a product that both is created by a divine consciousness or imagination ('inebriation', in the sense of rapture) and has a certain impact on the forthcoming readers, so as for them to be able to grasp what was said in the past as a message that contains a clear voice directed to the present. The poet, therefore, would stand in front of his peers not so much as a saviour but as an angel (a messenger, etymologically speaking), a creature destined to bring the word that would help to unveil a hidden and truer reality to the semi-blind human beings. Particularly in his first works, the poetry of Rodríguez also showed some mystical overtones: the word comes from above, clear and clean, to reveal what one alone cannot see. If this makes Rodríguez a visionary poet or not, it would depend on one's concept of the relationship between contemplation and knowledge. More importantly, the kind of knowledge to which Rodríguez seems to subscribe is one that can only be attained through contemplation, be it in a child-like manner, through the senses, or thanks to a sudden gust of inspiration, a Joycean epiphany, so to speak.

> Claudio Rodríguez's poetry plays the role of epiphany, which in theological terms represents a perceptible manifestation of the divinity, but here is a creation that is revelation and, at the same time, a definition that completes what has been revealed. . . . Epiphanic poetry is the result of a revelation and, besides, it is the most suitable means for the encouraging of that revelation—what poetry has revealed can be recognized in it, and its meaning is included in it and only in it. What poetry reveals is its own possibility of revelation and the act of revelation, and no explanation or interpretation can give a report of what has been revealed.[18]

Inebriation, therefore, would stand for rapture, but also for a celebration of life itself, the consciousness of life as a never-ending adventure, the conviction that 'poetry is adventure—culture. Adventure or legend, like life itself. A myth and a sign'.[19]

But what finally distinguished Rodríguez's poetic voice from that of the Romantics is its lack of individualism, an individualism present in his

---

[18] Antoni Marí, 'Asombro y contemplación', foreword to Claudio Rodríguez, *Poesía completa 1953–1991* (Barcelona: Círculo de Lectores, 2004), pp. 13–4.
[19] Claudio Rodríguez, 'A manera de un comentario', p. 17.

work, the lack of faith in a human mind that had gradually replaced the dehumanising mechanistic rationalism of the 18th century. Neither is Rodríguez searching in his poetry for the Romantic notion of unlimited understanding, of infinite ambitions and goals, and thus his moral code is not to be found within the boundaries of what can or cannot be violated: his is an ideal art, a true *poiesis* in the Aristotelian sense of the term—creation out of nothing.

> The poet needs, although he may not know it, to give up his own personality and, indeed, his own originality. He would like to be involved, to be identified with the object of his contemplation in order to newly be born in it, to see himself in it.[20]

The poetry of David Gascoyne poses some of the problems that one encounters with that of Rodríguez. Both poets were much influenced by French surrealism, Gascoyne more deeply that Rodríguez. Although less concerned with nature, Gascoyne nevertheless probes for transcendence in the world of nature and in the human quotidian. But there is an anguish in the poetry of Gascoyne, a profound longing for human fellowship that ultimately drove him toward religion, whereas for Rodríguez the world of nature seems to offer a preferred alternative, and in this he has greater kinship with Dylan Thomas. In all three poets, however, there is a mystical quality that drives their language into areas that baffle the reader, and despite Thomas's immense popularity in his lifetime, frustrated incomprehension was a frequent response to his work. This is the price that poets who strive to go beyond the conventionally empirical have always had to pay. Christopher Smart was considered mad, as was Blake and even the more sober nature poet, John Clare, who ended up in a mental asylum. What, for instance is the empiricist to make of Gascoyne's

> .... Reveal
> The immaterial world concealed
> By mortal deafness and the screen of sense,
>
> World of transparency and last release
> And world within the world. Beyond our speech

---

[20] Claudio Rodríguez, 'Poesía como participación: Hacia Miguel Hernández' in *La otra palabra*, p. 134.

> To tell what equinoxes of the infinite
> The spirit ranges in its rare utmost flight.[21]

For the mystic, and it is arguable that Claudio Rodríguez was a mystic, albeit in a secular sense, the crucial difficulty is how to express experience that seems immediately betrayed by any attempt to express it, certainly in concrete images. Although of a different order, intuitive experience poses a similar problem: the mind, functioning intuitively, moves so fast that it arrives at its insight without conscious memory of its journey there, thus creating the problem of how to explain and justify the insight to others. The mystic attempts to express the normally or at least conventionally inexpressible, but is as convinced of its reality as of anything in the world of commonsense.

> The poet needs to be abducted by things, but yet he has to remain active, within the tension between the subject and the object— he has to forget about himself and plunge into the territory of intelligence, of intuition (inspiration). But not without the skill, not without the knowledge of his trade. That is why it is absurd to speak about visionary or enlightened poets as if they weren't, also, great technicians. I very much let myself be taken over by inspiration (or intuition), but not without losing sight of my own trade. Inspiration is not blind.[22]

To turn now to a specific poem by Rodríguez, 'Espuma', possibly one of his best-known poems. The Spanish word can mean in English 'froth' or 'foam'. It can mean something light, something frolicsome, a kind of playing with the surface of things. But it would be the wrong word to use in translating Rodríguez's poem. Now how does the translator arrive at such a decision, how does he or she distinguish between *froth* and *foam*? Lexically the words are pretty well identical in English. But *foam* has a slightly greater sense of lightness, of fragility, than *froth*.[23]

---

[21] David Gascoyne, 'Mozart: Sursum Corda', in *Collected Poems* (Oxford: Oxford University Press, 1982), p. 53.
[22] 'Claudio Rodríguez: El hombre no puede ser libre', p. 235.
[23] The English term *froth* has its origin in the Greek *prēthein* ('to blow up') and from here it derived into the Old Norse *frotha*, akin to the Old English *áfreothan* ('to froth'), from which the Middle English word was formed, such as it is still used nowadays. On the other hand, *foam* is related to the Latin terms *spuma* ('foam') and *pumex* ('pumice'), although its origin goes back to the Old English word *fām*, akin to the Old High German *feim* ('foam'), which evolved into the Middle English *fome*, from which the present term was originated. Both words

More importantly, the context of Rodríguez's poems is more suggestive of the sea. That, of course, is a subjective judgement of the translator, and could easily be the subject of debate, depending on the associations the reader of English has for both words. But there is a real vulnerability in the making of such decisions.

This is a key poem in his work, not simply because of its accessibility, but because it seems to position the poet relative to the society in which he lives. For all the lip-service given to poets in modern times, they are mostly outsiders (at least usually the best of them) since poetry as a serious medium has become marginalized. For some poets this is understandably a painful condition. Whatever their inner turmoil may be, they are members of their society; and yet their role, whether as witnesses of what is happening in society or as explorers of human consciousness, and yet their role is such that they so often find themselves looking in rather than participating. The poem from which the following quotation is taken was written by the Irish poet, Patrick Kavanagh. He, too, like Claudio Rodríguez, was a nature poet with a mystical view of the world. In this poem he describes a visit to a local dance. He has a longing to participate in the festivities just like the speaker in 'Agathas' Dance'. It is titled 'Innishkeen Road: July Evening'. Having described a local rural dance at which he was a mere onlooker, he continues

> I have what every poet hates in spite
> Of all the solemn talk of contemplation.
> Oh, Alexander Selkirk knew the plight
> Of being king and government and nation.
> A road, a mile of kingdom, I am king
> Of banks and stones and every blooming thing.[24]

---

are used as synonyms in relation to the frothy substance of fine bubbles that is formed in or on the surface of a liquid (by agitation or fermentation, for instance) or in salivating or sweating, and also in the figurative and informal sense of being angry (as in 'He's got foam at the mouth'), although *froth* is used in the sense of something insubstantial or of little value, even of idle talk or ideas, whereas *foam* is applied to chemical agents, such as soaps, shaving creams, foam for the bath, the one used in fire-fighting, and also for padding or packing. Likewise, *foam* is used, for poetic purposes, when referring to the sea. All of these particulars, which we're presenting here as a mere example, need to be taken into account when deciding on which term to use for a translation, especially when it comes to dealing with the work of a poet such as Claudio Rodríguez, so precise and unique in his usage of words, be they in a traditional way or in a completely new and unexpected manner.

[24] Patrick Kavanagh, *Collected Poems*, ed. Antoinette Quinn (London: Penguin, 2005), p. 15.

Despite Kavanagh's sense of social estrangement, of not being a participant in ordinary social activity, in which there is doubtless some pain, he turns affirmatively and triumphantly to the gift of poetry, a gift that gives him access to the larger world of nature. And it is a gift that he offers the reader to share in. For such gifts one should be grateful. Claudio Rodríguez undoubtedly had such a gift. And like Kavanagh, he, too, possessed the capacity to share in ordinary humanity and its concerns. The contemporary poet may be an outsider but he also acts as a constant reminder of the importance of the ordinary. To take into consideration another poem, Rodríguez's 'Agathas' Dance'. It is a beautiful celebration of the extraordinary ordinariness of the world. The dance of the poem is not simply that of the Agathas at the village fiesta: it is the dance of life itself.

Even death was accepted by Rodríguez as part of the process of living. In that sense, his poetry is remarkably free of morbidity. As he says in 'What is not a Dream',

> Let me speak to you, at this time
> of grief, with happy
> words.

That poem reminds one of Dylan Thomas's splendid 'And Death Shall Have No Dominion'. Here is the first stanza of that poem:

> And death shall have no dominion.
> Dead men naked they shall be one
> With the man in the wind and the west moon;
> When their bones are picked clean and the clean bones gone,
> They shall have stars at elbow and foot;
> Though they go mad they shall be sane,
> Though they sink through the sea they shall rise again;
> Though lovers be lost love shall not;
> And death shall have no dominion.[25]

These lines seem to express the affirmative and celebratory attitude of Claudio Rodríguez toward his own life and that of life in general. In this he is more like Dylan Thomas than David Gascoyne. And in a spiritually bankrupt age such as the present one, which for so many often ends in a

---

[25] Dylan Thomas, *Collected Poems 1934-1952* (New York: New Directions, 1971), p. 77.

despair that no material affluence can ultimately alleviate, it is a healthy reminder that life is about more than the acquisition of commodities or the purely sensual life. It is the 'old wisdom' to which he refers to in the above-mentioned poem:

> Let me, with an old
> wisdom, say:
> in spite, in spite
> of everything
> and though it may be very painful, and though
> it may at times be revolting, always, always
> the deepest truth is happiness.

What Rodríguez most admired in Dylan Thomas's poetry was the Welshman's capability to generate a delirious and ecstatic poem built within a very original geometry: 'There is a great deal of control and an immense harmony within that craze.'[26] There seems to be a common thread in Rodríguez's poetics, one that links Thomas's poetry—which he read later on in his life—with his younger reading, especially of Gustavo Adolfo Bécquer's poems:

> Wordless ideas,
> meaningless words,
> chords with neither
> rhythm nor measure; . . .
>
> Madness that exalts
> and weakens the spirit
> divine inebriation
> of creative genius.
>
>   Such is inspiration.
> . . .
>
> Intelligent hand
> that links
> in a necklace of pearls
> intractable words;
>
> Harmonious rhythm
> with cadence and number,

---

[26] 'Claudio Rodríguez o la influencia de todo', p. 222.

> enclosing fugitive notes
> in a definite measure; . . .
>
> Such is our reason.[27]

Rodríguez admittedly let pass larger amounts of years between the publication of his books, since he found himself taken up by his own innermost lyrical life, feeding himself off his everyday life, to the point of being unable to distinguish one from the other. A sediment being slowly built within the poet, it may mysteriously rise up and become words.

And that is precisely what makes Rodríguez's poetry so valuable and so courageous. Its transcendence of the empirical, referred to earlier, may make for difficulties for the translator working in English, but the overcoming of these difficulties seems to be, in the end, a worthwhile effort. At least that is the judgment of the present translators.

Luis Ingelmo Michael Smith
Zamora, 2008 Dublin, 2008

Bibliography

Don de la ebriedad, Madrid: Rialp, 1953; 2nd ed. Madrid: Torremozas, 1989.
Conjuros, Torrelavega: Cantalapiedra, 1958; 2nd ed. Barcelona: Taifa, 1985;
    3rd ed. Zamora: Diputación de Zamora, 1988.
Alianza y condena, Madrid: Revista de Occidente, 1965; 2nd ed.
    Madrid: Alianza, 1995.
El vuelo de la celebración, Madrid: Visor, 1976; 2nd ed.
    Madrid: La Palma, 1992.
Casi una leyenda, Barcelona: Tusquets, 1991.
Poesía completa (1953–1991), Barcelona: Tusquets, 2001.

---

[27] G.A. Bécquer, poem III (42), *Collected Poems (Rimas)*, bilingual ed., eds. Luis Ingelmo and Michael Smith, trans. Michael Smith (Exeter: Shearsman Books, 2007), pp. 33 and 35.

Don de la ebriedad

[1953]

A mi madre

GIFT OF INEBRIATION

[1953]

To my mother

Libro primero

I

Siempre la claridad viene del cielo;
es un don: no se halla entre las cosas
sino muy por encima, y las ocupa
haciendo de ello vida y labor propias.
Así amanece el día; así la noche
cierra el gran aposento de sus sombras.
Y esto es un don. ¿Quién hace menos creados
cada vez a los seres? ¿Qué alta bóveda
los contiene en su amor? ¡Si ya nos llega
y es pronto aún, ya llega a la redonda
a la manera de los vuelos tuyos
y se cierne, y se aleja y, aún remota,
nada hay tan claro como sus impulsos!
Oh, claridad sedienta de una forma,
de una materia para deslumbrarla
quemándose a sí mismo al cumplir su obra.
Como yo, como todo lo que espera.
Si tú la luz te la has llevado toda,
¿cómo voy a esperar nada del alba?
Y, sin embargo –esto es un don–, mi boca
espera, y mi alma espera, y tú me esperas,
ebria persecución, claridad sola
mortal como el abrazo de las hoces,
pero abrazo hasta el fin que nunca afloja.

II

Yo me pregunto a veces si la noche
se cierra al mundo para abrirse o si algo
la abre tan de repente que nosotros
no llegamos a su alba, al alba al raso
que no desaparece porque nadie

First Book

I

Clarity always comes from the sky;
it is a gift: it is not found among things
but very high up, and it occupies them
making that its own life and labours.
Thus day dawns; thus night
encloses the great dwelling of its shadows.
And this is a gift. Who makes beings
less created each time? What high vault
contains them in its love? It is already coming
and though still early, already it comes round
in the manner of your flights
and it hovers, and goes away and, still remote,
there is nothing so clear as its drives!
Oh, clarity thirsty for a form,
for a matter to dazzle it
burning itself on completing its work.
Like me, like everything that waits.
If you have taken all the light away
how am I to expect anything of the dawn?
And yet—this is a gift—my mouth
waits, and my soul waits, and you wait for me,
inebriate pursuit, clarity alone
deadly like the embrace of sickles,
yet an embrace till the end that never slackens.

II

Sometimes I wonder if night
closes on the world to open itself or if something
opens it so suddenly we
do not reach its dawn, the dawn out in the open
that does not vanish because no one

la crea: ni la luna, ni el sol claro.
Mi tristeza tampoco llega a verla
tal como es, quedándose en los astros
cuando en ellos el día es manifiesto
y no revela que en la noche hay campos
de intensa amanecida apresurada
no en germen, en luz plena, en albos pájaros.
Algún vuelo estará quemando el aire,
no por ardiente sino por lejano.
Alguna limpidez de estrella bruñe
los pinos, bruñirá mi cuerpo al cabo.
¿Qué puedo hacer sino seguir poniendo
la vida a mil lanzadas del espacio?
Y es que en la noche hay siempre un fuego oculto,
un resplandor aéreo, un día vano
para nuestros sentidos, que gravitan
hacia arriba y no ven ni oyen abajo.
Como es la calma un yelmo para el río
así el dolor es brisa para el álamo.
Así yo estoy sintiendo que las sombras
abren su luz, la abren, la abren tanto,
que la mañana surge sin principio
ni fin, eterna ya desde el ocaso.

III

La encina, que conserva más un rayo
de sol que todo un mes de primavera,
no siente lo espontáneo de su sombra,
la sencillez del crecimiento; apenas
si conoce el terreno en que ha brotado.
Con ese viento que en sus ramas deja
lo que no tiene música, imagina
para sus sueños una gran meseta.
Y con qué rapidez se identifica
con el paisaje, con el alma entera

creates it: nor the moon, nor the clear sun.
Neither does my sadness come to see it
when the day is manifest among them
and it does not reveal that at night there are fields
of intense and hurried daybreak
not in seeds, in full light, in albino birds.
Some flight will be burning the air,
not for being passionate, but for being distant.

Some limpidity of a star burnishes
the pines, it will finally burnish my body.
What can I do but go on placing
my life at a thousand lance-strokes of space?
And so at night there is always a hidden fire,
an aerial gleam, a futile day
for our feelings, which gravitate
upwards and neither see nor hear downwards.
As calmness is a helmet for the river
so pain is a breeze for the poplar.
Thus I am feeling that the shadows open
their light, open it, open it so much,
that the morning rises without beginning
or end, eternal since sunset.

III

The holm oak, which preserves a ray
of sun more than a whole month of Spring,
does not feel the spontaneity of its shadow,
the simplicity of growth; it scarcely
knows the terrain in which it has sprouted.
With that wind which in its branches leaves
what has no music, it imagines
a great tableland for its dreams.
And with what haste it identifies itself
with the countryside, with the entire soul

de su frondosidad y de mí mismo.
Llegaría hasta el cielo si no fuera
porque aún su sazón es la del árbol.
Días habrá en que llegue. Escucha mientras
el ruido de los vuelos de las aves,
el tenue del pardillo, el de ala plena
de la avutarda, vigilante y claro.
Así estoy yo. Qué encina, de madera
más oscura quizá que la del roble,
levanta mi alegría, tan intensa
unos momentos antes del crepúsculo
y tan doblada ahora. Como avena
que se siembra a voleo y que no importa
que caiga aquí o allí si cae en tierra,
va el contenido ardor del pensamiento
filtrándose en las cosas, entreabriéndolas,
para dejar su resplandor y luego
darle una nueva claridad en ellas.
Y es cierto, pues la encina ¿qué sabría
de la muerte sin mí? ¿Y acaso es cierta
su intimidad, su instinto, lo espontáneo
de su sombra más fiel que nadie? ¿Es cierta
mi vida así, en sus persistentes hojas
a medio descifrar la primavera?

IV

Así el deseo. Como el alba, clara
desde la cima y cuando se detiene
tocando con sus luces lo concreto
recién oscura, aunque instantáneamente.
Después abre ruidosos palomares
y ya es un día más. ¡Oh, las rehenes
palomas de la noche conteniendo
sus impulsos altísimos! Y siempre
como el deseo, como mi deseo.

of its luxuriance and of myself.
It would reach as far as the sky if it were not
because its season is still that of a tree.
There will be days it may reach. Meanwhile it listens
to the noise of the birds' flight,
the delicate one of the linnet, that of the full wing
of the bustard, alert and clear.
Just so am I. What holm oak, of wood
maybe darker than the oak's,
raises my happiness, so intense
some moments before twilight
and so bent now. As oat seeds
that are scattered and it doesn't matter
if they fall here or there if they fall on the earth,
the contained ardour of thought
is infiltrating things, half-opening them,
to leave its splendour and
to give it a new clarity in them.
And it is certain, for what would the holm oak know
of death without me? And maybe
its intimacy is certain, its instinct, the spontaneity
of its shadow more faithful than anyone? Is my life
so certain, in its persistent leaves
with spring half-deciphered?

IV

And so desire. Like dawn, clear
from the top and when it halts
touching what is concrete
recently dark, although instantly.
Then it opens noisy pigeon lofts
and already it is one more day. Oh, the hostage
pigeons of the night holding back
their highest impulses! And always
like desire, like my desire.

Vedle surgir entre las nubes, vedle
sin ocupar espacio deslumbrarme.
No está en mí, está en el mundo, está ahí enfrente.
Necesita vivir entre las cosas.
Ser añil en los cerros y de un verde
prematuro en los valles. Ante todo,
como en la vaina el grano, permanece
calentando su albor enardecido
para después manifestarlo en breve
más hermoso y radiante. Mientras, queda
limpio sin una brisa que lo aviente,
limpio deseo cada vez más mío,
cada vez menos vuestro, hasta que llegue
por fin a ser mi sangre y mi tarea,
corpóreo como el sol cuando amanece.

V

Cuándo hablaré de ti sin voz de hombre
para no acabar nunca, como el río
no acaba de contar su pena y tiene
dichas ya más palabras que yo mismo.
Cuándo estaré bien fuera o bien en lo hondo
de lo que alrededor es un camino
limitándome, igual que el soto al ave.
Pero, ¿seré capaz de repetirlo,
capaz de amar dos veces como ahora?
Este rayo de sol, que es un sonido
en el órgano, vibra con la música
de noviembre y refleja sus distintos
modos de hacer caer las hojas vivas.
Porque no sólo el viento las cae, sino
también su gran tarea, sus vislumbres
de un otoño esencial. Si encuentra un sitio
rastrillado, la nueva siembra crece
lejos de antiguos brotes removidos;

Watch it rise among the clouds, watch it
without occupying space dazzling me.
It is not in me, it is in the world, it is here up ahead.
It needs to live among things.
To be indigo on the hills
and a premature green in the valleys. Above all,
like the seed in its pod, it stays
heating its impassioned brightness
to manifest it later briefly
more beautiful and radiant. Meanwhile, it stays
clean without a breeze to fan it,
a clean desire more and more mine,
less and less yours, until it comes
to be finally my blood and my task,
corporeal like the sun when it dawns.

V

When shall I speak of you without voice of man
never to end, as the river
does not end relating its grief and has
uttered more words than I myself.
When shall I be well outside or well in the depth
of what around is a road
limiting me, just as the copse to the bird.
But, shall I be capable of repeating it,
capable of loving twice, as now?
This ray of sunshine, that is a sound
in the organ, vibrates with the music
of November and reflects its different
ways of making living leaves fall.
Because not only does the wind make them fall
but also its great task, its glimmers
of an essential autumn. If it finds
a raked place, the new seed grows
far from its ancient, displaced buds;

pero siempre le sube alguna fuerza,
alguna sed de aquéllos, algún limpio
cabeceo que vuelve a dividirse
y a dar olor al aire en mil sentidos.
Cuándo hablaré de ti sin voz de hombre.
Cuándo. Mi boca sólo llega al signo,
sólo interpreta muy confusamente.
Y es que hay duras verdades de un continuo
crecer, hay esperanzas que no logran
sobrepasar el tiempo y convertirlo
en seca fuente de llanura, como
hay terrenos que no filtran el limo.

VI

Las imágenes, una que las centra
en planetaria rotación, se borran
y suben a un lugar por sus impulsos
donde al surgir de nuevo toman forma.
Por eso yo no sé cuáles son éstas.
Yo pregunto qué sol, qué brote de hoja
o qué seguridad de la caída
llegan a la verdad, si está más próxima
la rama del nogal que la del olmo,
más la nube azulada que la roja.
Quizá, pueblo de llamas, las imágenes
enciendan doble cuerpo en doble sombra.
Quizá algún día se hagan una y baste.
¡Oh, regio corazón como una tolva,
siempre clasificando y triturando
los granos, las semillas de mi corta
felicidad! Podrían reemplazarme
desde allí, desde el cielo a la redonda,
hasta dejarme muerto a fuerza de almas,
a fuerza de mayores vidas que otras
con la preponderancia de su fuego

but always some strength climbs up in it,
some thirst of those, some clean
nod that is divided once more
and gives a scent to the air in a thousand feelings.
When shall I speak of you without voice of man.
When. My mouth only reaches the sign,
only interprets in great confusion.
And so there are hard truths of continuous
growing, there are hopes that cannot manage
to overcome time and convert it
into a dry spring of the plain, as
there are lands that do not filter mud.

VI

The figures, one that centres them
in a planetary rotation, vanish
and rise to a place by their impulse,
where they take shape on emerging again.
That's why I don't know which ones these are.
I ask what sun, what burgeoning leaf
or what certainty of the fall
achieves the truth, if the walnut tree branch
is closer than that of the elm,
the bluish cloud closer than the red one.
Perhaps, village of flames, the figures
arouse a double body in a double shade.
Perhaps some day they'll become one and that'll do.
Oh, royal heart like a hopper,
always classifying and grinding
the grains, the seeds of my brief
happiness! I could be replaced
from there, from the heavens around,
until I'm left dead by dint of souls,
by dint of lives greater than others
with the preponderance of their fire

extinguiéndolas: tal a la paloma
lo retráctil del águila. Misterio.
Hay demasiadas cosas infinitas.
Para culparme hay demasiadas cosas.
Aunque el alcohol eléctrico del rayo,
aunque el mes que hace nido y no se posa,
aunque el otoño, sí, aunque los relentes
de humedad blanca . . . Vienes por tu sola
calle de imagen, a pesar de ir sobre
no sé qué Creador, qué paz remota . . .

VII

¡Sólo por una vez que todo vuelva
a dar como si nunca diera tanto!
Ritual arador en plena madre
y en pleno crucifijo de los campos,
¿tú sabías?: llegó, como en agosto
los fermentos del alba, llegó dando
desalteradamente y con qué ciencia
de la entrega, con qué verdad de arado.
Pero siempre es lo mismo: halla otros dones
que remover, la grama por debajo
cuando no una cosecha malograda.
¡Árboles de ribera lavapájaros!
En la ropa tendida de la nieve
queda pureza por lavar. ¡Ovarios
trémulos! Yo no alcanzo lo que basta,
lo indispensable para mis dos manos.
Antes irá su lunación ardiendo,
humilde como el heno en un establo.
Si nos oyeran . . . Pero ya es lo mismo.
¿Quién ha escogido a este arador, clavado
por ebria sembradura, pan caliente
de citas, surco a surco y grano a grano?
Abandonado así a complicidades

putting them out: so to the pigeon
the retractile of the eagle. Mystery.
There are too many infinite things.
There are too many things to blame me.
Although the electric alcohol of the lightning,
although the month that builds a nest and doesn't perch,
although autumn, yes, although the night dew
of white dampness . . . You come through your only
imaginary street, despite going upon
I know not what Creator, what far-off peace . . .

VII

Just once let everything give
again as if it didn't ever give so much!
Ploughing ritual in the very mother
and the very crucifix of the fields,
did you know? It arrived, as in August
the causes of the dawn, it arrived giving
undisturbedly and with what a science
of surrendering, with what a truth of plough.
But it's always the same: it finds other gifts
to be turned over, the underground grass
or else an unsuccessful harvest.
Trees at the bird-washing river bank!
In the spread-out clothes of the snow
there's still purity to be washed. Tremulous
ovaries! I can't achieve what suffices,
the bare essentials for my two hands.
First its lunar month will go burning,
humble like hay in a barn.
Should they hear us . . . But it doesn't matter
anymore. Who chose this ploughman, pierced
by an inebriated sowing, bread hot with
appointments, furrow by furrow and grain by grain?
Abandoned himself to complicities

de primavera y horno, a un legendario
don, y la altanería de mi caza
librando esgrima en pura señal de astros . . .
¡Sólo por una vez que todo vuelva
a dar como si nunca diera tanto!

VIII

No porque llueva seré digno. ¿Y cuándo
lo seré, en qué momento? ¿Entre la pausa
que va de gota a gota? Si llegases
de súbito y al par de la mañana,
al par de este creciente mes, sabiendo,
como la lluvia sabe de mi infancia,
que una cosa es llegar y otra llegarme
desde la vez aquella para nada . . .
Si llegases de pronto, ¿qué diría?
Huele a silencio cada ser y rápida
la visión cae desde altas cimas siempre.
Como el mantillo de los campos, basta,
basta a mi corazón ligera siembra
para darse hasta el límite. Igual basta,
no sé por qué, a la nube. Qué eficacia
la del amor. Y llueve. Estoy pensando
que la lluvia no tiene sal de lágrimas.
Puede que sea ya un poco más digno.
Y es por el sol, por este viento, que alza
la vida, por el humo de los montes,
por la roca, en la noche aún más exacta,
por el lejano mar. Es por lo único
que purifica, por lo que nos salva.
Quisiera estar contigo no por verte
sino por ver lo mismo que tú, cada
cosa en la que respiras como en esta
lluvia de tanta sencillez, que lava.

of spring and oven, to a legendary
gift, and the haughtiness of my hunt
fencing in the pure sign of heavenly bodies . . .
Just once let everything give
again as if it didn't ever give so much!

VIII

I won't be honourable just because it rains. And when
will I be so, at what moment? Between the pause
that separates one drop from the next? If you arrived
all of a sudden and with the morning,
with this crescent month, knowing,
as the rain knows about my childhood,
that arriving is one matter and another one altogether
when I come around since that time, for nothing . . .
If you arrived all of a sudden, what would I say?
Every being smells like silence and quickly
the vision always falls from very high peaks.
Like the humus in the fields, it's enough,
a light sowing is enough for my heart
to give itself away completely. It's also enough,
I don't know why, for the cloud. What efficiency
that of love. And it's raining. I'm thinking
that the rain has no salt from tears.
Perhaps I'm a little more honourable now.
And it's due to the sun, due to this wind that raises
life, due to the smoke in the scrublands,
due to the rock, in the even more exact night,
due to the distant sea. It's the only thing
that purifies, for which it saves us.
I'd like to be with you, not to see you
but to see the same things you see, every
thing in which you breathe as in this
rain of such simplicity, that washes.

IX

Como si nunca hubiera sido mía,
dad al aire mi voz y que en el aire
sea de todos y la sepan todos
como una mañana o una tarde.
Ni a la rama tan sólo abril acude
ni el agua espera sólo el estiaje.
¿Quién podría decir que es suyo el viento,
suya la luz, el canto de las aves
en el que esplende la estación, más cuando
llega la noche y en los chopos arde
tan peligrosamente retenida?
¡Que todo acabe aquí, que todo acabe
de una vez para siempre! La flor vive
tan bella porque vive poco tiempo
y, sin embargo, cómo se da, unánime,
dejando de ser flor y convirtiéndose
en ímpetu de entrega. Invierno, aunque
no esté detrás la primavera, saca
fuera de mí lo mío y hazme parte,
inútil polen que se pierde en tierra
pero ha sido de todos y de nadie.
Sobre el abierto páramo, el relente
es pinar en el pino, aire en el aire,
relente sólo para mi sequía.
Sobre la voz que va excavando un cauce
qué sacrilegio este del cuerpo, este
de no poder ser hostia para darse.

IX

As if it had never been mine,
give my voice to the air and in the air
let it be everyone's and let them all know it
like a morning or an afternoon.
Neither does April come only to the branch
nor does the water wait for the low water.
Who could claim that the wind is his,
the light his, the song of the birds,
in which the season gleams, more when
night comes on and burns so dangerously,
held in the black poplars?
Let it all end here, let it all end
once and for all! The flower lives
so beautifully because it lives so briefly
and yet how it gives of itself, unanimously,
ceasing to be a flower and becoming
the impetus of surrendering. Winter, though
Spring may not follow you, draw
outside of me what's mine and make me a part,
useless pollen that is lost on earth
but has been everyone's and no one's.
Above the open moor, the night dew
is a pinewood in the pine, air in the air,
night dew only for my drought.
Above the voice digging a river-bed
what a sacrilege the body is, the
not being able to be a host to give oneself up.

Libro segundo

Canto del despertar

> ... *y cuando salía*
> *por toda aquesta vega*
> *ya cosa no sabía* ...
> San Juan de la Cruz

El primer surco de hoy será mi cuerpo.
Cuando la luz impulsa desde arriba
despierta los oráculos del sueño
y me camina, y antes que al paisaje
va dándome figura. Así otra nueva
mañana. Así otra vez y antes que nadie,
aun que la brisa menos decidera,
sintiéndome vivir, solo, a luz limpia.
Pero algún gesto hago, alguna vara
mágica tengo porque, ved, de pronto
los seres amanecen, me señalan.
Soy inocente. ¡Cómo se une todo
y en simples movimientos hasta el límite,
sí, para mi castigo: la soltura
del álamo a cualquier mirada! Puertas
con vellones de niebla por dinteles
se abren allí, pasando aquella cima.
¿Qué más sencillo que ese cabeceo
de los sembrados? ¿Qué más persuasivo
que el heno al germinar? No toco nada.
Yo me lavo en la tierra como el pájaro.
Sí, para mi castigo, el día nace
y hay que apartar su misma recaída
de las demás. Aquí sí es peligroso.
Ahora, en la llanada hecha de espacio,
voy a servir de blanco a lo creado.
Tibia respiración de pan reciente
me llega y así el campo eleva formas
de una aridez sublime, y un momento

Second Book

Song of Awakening

> *... and when I emerged*
> *along all this fertile plain*
> *I knew nothing of anything ...*
> St. John of the Cross

The first furrow of today will be my body.
When light drives down from above
it awakens the oracles of time
and travels through me, and before the landscape
it gives me shape. So, another new
morning. So once again and before no one,
even the least decisive breeze,
feeling myself live, alone, in a clear light.
But I make some gesture, I have
some magic wand because, look, suddenly
beings dawn, and point me out.
I am innocent. How everything comes together
and in simple movements to the limit,
yes, for my punishment: the looseness
of the poplar to any gaze! Doors
with misty fleece for lintels
open there, passing that peak
What is simpler than that nodding
of the sown fields? What is more persuasive
than germinating hay? I touch nothing.
I don't wash myself in the earth like the bird.
Yes, for my punishment, day dawns
and one must separate his own relapse
from others. Here indeed it's dangerous.
Now, on the plain made of space,
I am going to serve for a target to the created.
The warm breath of fresh baked bread
reaches me and thus the countryside raises forms
of a sublime aridity, and a moment

después, el que se pierde entre el misterio
de un camino y el de otro menos ancho,
somos obra de lo que resucita.
Lejos estoy, qué lejos. ¿Todavía,
agrio como el moral silvestre, el ritmo
de las cosas me daña? Alma del ave,
yacerás bajo cúpula de árbol.
¡Noche de intimidad lasciva, noche
de preñez sobre el mundo, noche inmensa!
Ah, nada está seguro bajo el cielo.
Nada resiste ya. Sucede cuando
mi dolor me levanta y me hace cumbre
que empiezan a ocultarse las imágenes
y a dar la mies en cada poro el acto
de su ligero crecimiento. Entonces
hay que avanzar la vida de tan limpio
como es el aire, el aire retador.

Canto del caminar

> *. . . ou le Pays des Vignes?*
> RIMBAUD

Nunca había sabido que mi paso
era distinto sobre tierra roja,
que sonaba más puramente seco
lo mismo que si no llevase un hombre,
de pie, en su dimensión. Por ese ruido
quizá algunos linderos me recuerden.
Por otra cosa no. Cambian las nubes
de forma y se adelantan a su cambio
deslumbrándose en él, como el arroyo
dentro de su fluir; los manantiales
contienen hacia fuera su silencio.
¿Dónde estabas sin mí, bebida mía?
Hasta la hoz pregunta más que siega.

later, one who is lost between the mystery
of a road and that of another less broad,
we are the work of what resuscitates.
I am faraway, how faraway. Still,
bitter as the wild black mulberry, does the rhythm
of things hurt me? Soul of the bird,
you will lie under the tree's cupola.
Night of lascivious intimacy, night
of pregnancy over the world, immense night!
Ah, nothing is certain under the heavens.
Nothing now resists. It happens when
my grief raises me up and makes me a peak
that images begin to hide
and to yield grain in every pore the act
of their light growth. Then
one must advance life of such cleanliness
as the air, the challenging air.

Song of Walking

> ... *ou le Pays des Vignes?*
> RIMBAUD

I had never known that my footstep
was different on red earth,
that it sounded more purely dry
just as if it didn't carry a man,
standing, in his dimension. Through that noise
perhaps some boundaries remember me.
Not for anything else. The clouds change
form and anticipate their change
dazzling in it, like the stream
within its flow; the springs
contain their silence outwardly.
Where were you without me, my drink?
Even the sickle asks more than it reaps.

Hasta el grajo maldice más que chilla.
Un concierto de espiga contra espiga
viene con el levante del sol. ¡Cuánto
hueco para morir! ¡Cuánto azul vívido,
cuánto amarillo de era para el roce!
Ni aun hallando sabré: me han trasladado
la visión, piedra a piedra, como a un templo.
¡Qué hora: lanzar el cuerpo hacia lo alto!
Riego activo por dentro y por encima
transparente quietud, en bloques, hecha
con delgadez de música distante
muy en alma subida y sola al raso.
Ya este vuelo del ver es amor tuyo.
Y ya nosotros no ignoramos que una
brizna logra también eternizarse
y espera el sitio, espera el viento, espera
retener todo el pasto en su obra humilde.
Y cómo sufre cualquier luz y cómo
sufre en la claridad de la protesta.
Desde siempre me oyes cuando, libre
con el creciente día, me retiro
al oscuro henchimiento, a mi faena,
como el cardal ante la lluvia al áspero
zumo viscoso de su flor; y es porque
tiene que ser así: yo soy un surco
más, no un camino que desabre el tiempo.
Quiere que sea así quien me aró. —¡Reja
profunda!— Soy culpable. Me lo gritan.
Como un heñir de pan sus voces pasan
al latido, a la sangre, a mi locura
de recordar, de aumentar miedos, a esta
locura de llevar mi canto a cuestas,
gavilla más, gavilla de qué parva.
Que os salven, no. Mirad: la lavandera
de río, que no lava la mañana
por no secarla entre sus manos, porque
la secaría como a ropa blanca,

Even the rook curses more than screeches.
A concert of wheat-ear against wheat-ear
comes with the sunrise. So much
space in which to die! So much vivid blue,
so much threshing floor-like yellow for the scraping!
Not even finding will I know: my sight has been
transferred, stone by stone, like a temple.
What a time: launching the body up high!
Active watering within and above
transparent stillness, in blocks, made
of the slimness of distant music
of very high feelings and alone in the open air.
Now this flight of sight is your love.
And now we don't ignore that a
blade of grass also attains eternity
and awaits the place, awaits the wind, hopes to
retain all the fodder in its humble work.
And how much any light suffers and how much
it suffers in the clarity of complaint.
You have always heard me when, free
with the growing day, I retire
to the dark abundance, to my labour,
like the thistle before the rain to the harsh
viscous juice of its flower; and it is because
it has to be so: I am one more
furrow, not a road that makes time surly.
He who ploughed me wants it to be so. —Deep
ploughshare!— I am guilty. They shout it at me.
Like a kneading of bread, their voices pass
to the beating, to the blood, to my madness
for remembering, for increasing fears, to this
madness of carrying my song over my shoulders,
one more sheaf, a sheaf from what haystack.
Let them save you, no. Look: the river
laundress, who won't wash the morning
not to dry it in her hands, because
she would dry it as if linen,

se salva a su manera. Y los otoños
también. Y cada ser. Y el mar que rige
sobre el páramo. Oh, no sólo el viento
del Norte es como un mar, sino que el chopo
tiembla como las jarcias de un navío.
Ni el redil fabuloso de las tardes
me invade así. Tu amor, a tu amor temo,
nave central de mi dolor, y campo.
Pero ahora estoy lejos, tan lejano
que nadie lloraría si muriese.
Comienzo a comprobar que nuestro reino
tampoco es de este mundo. ¿Qué montañas
me elevarían? ¿Qué oración me sirve?
Pueblos hay que conocen las estrellas,
acostumbrados a los frutos, casi
tallados a la imagen de sus hombres
que saben de semillas por el tacto.
En ellos, qué ciudad. Urden mil danzas
en torno mío insectos y me llenan
de rumores de establo, ya asumidos
como la hez de un fermentado vino.
Sigo. Pasan los días, luminosos
a ras de tierra, y sobre las colinas
ciegos de altura insoportable, y bellos
igual que un estertor de alondra nueva.
Sigo. Seguir es mi única esperanza.
Seguir oyendo el ruido de mis pasos
con la fruición de un pobre lazarillo.
Pero ahora eres tú y estás en todo.
Si yo muriese harías de mí un surco,
un surco inalterable: ni pedrisca,
ni ese luto del ángel, nieve, ni ese
cierzo con tantos fuegos clandestinos
cambiarían su línea, que interpreta
la estación claramente. ¿Y qué lugares
más sobrios que éstos para ir esperando?
¡Es Castilla, sufridlo! En otros tiempos,

she is saved in her own way. And the autumns
too. And every being. And the sea that governs
the moor. Ah, not only the North
wind is like a sea, but the black poplar
trembles like the rigging of a ship.
Not even the excessive sheepfold of the afternoons
invades me thus. Your love, your love I fear,
central nave of my grief, and countryside.
But now I am far away, so far away
that no one would cry if I were to die.
I'm beginning to confirm that our reign
is not of this world either. What mountains
would raise me up? What prayer serves me?
There are peoples who know the stars,
are used to the fruits, almost
carved to look like their men
who know about the seeds by the feel of them.
In them, what a city. Around me
insects plot a thousand dances and fill me
with cowshed murmurs, now assumed
like the lees of a fermented wine.
I press on. The days pass, bright
at ground level, and over the hills
blind on unbearable height, and beautiful
just like the death throes of a new lark.
I press on. Continuing is my only hope.
I still hear the noise of my footsteps
with the relish of a blind man's poor guide.
But now it is you and you are in everything.
If I were to die, you would make me into a furrow,
an unchangeable furrow: neither hail,
nor the angel's mourning, snow, nor the
north wind with so many clandestine fires
would change their line, which interprets
the season clearly. And what places
more sober than these to be waiting?
It is Castile, suffer it! In other times,

cuando se me nombraba como a hijo,
no podía pensar que la de ella
fuera la única voz que me quedase,
la única intimidad bien sosegada
que dejara en mis ojos fe de cepa.
De cepa madre. Y tú, corazón, uva
roja, la más ebria, la que menos
vendimiaron los hombres, ¿cómo ibas
a saber que no estabas en racimo,
que no te sostenía tallo alguno?

—He hablado así tempranamente, ¿y debo
prevenirme del sol del entusiasmo?
Una luz que en el aire es aire apenas
viene desde el crepúsculo y separa
la intensa sombra de los arces blancos
antes de separar dos claridades:
la del día total y la nublada
de luna, confundidas un instante
dentro de un rayo último difuso.
Qué importa marzo coronando almendros.
Y la noche qué importa si aún estamos
buscando un resplandor definitivo.
Oh, la noche que lanza sus estrellas
desde almenas celestes. Ya no hay nada:
cielo y tierra sin más. ¡Seguro blanco,
seguro blanco ofrece el pecho mío!
Oh, la estrella de oculta amanecida
traspasándome al fin, ya más cercana.
Que cuando caiga muera o no, qué importa.
Qué importa si ahora estoy en el camino.

when I was called her child,
I couldn't think that hers
was the only voice that would remain for me,
the only intimacy so calm
that would leave in my eyes the faith of the vine.
Of the mother stock. And you, heart, red
grape, the most inebriate, the least
harvested by men, how were you
to know you were not on the vine,
that you were supported by no stalk?

'I have spoken thus, too early, and should I
forewarn myself about the sun of enthusiasm?'
A light that in the air is barely air
comes from the sunset and separates
the intense shadow of the white maples
before separating two clarities:
that of total day and the clouded one
of the moon, confused an instant
within a last diffuse ray.
What does it matter March crowning almond trees.
And what does the night matter if we're still
seeking a definitive brightness.
Ah, the night launching its stars
from heavenly battlements. There's nothing anymore:
just sky and land. A sure target,
a sure target my chest offers!
Ah, the star of the hidden dawn
finally piercing me, closer now.
If I die or not when I fall, what does it matter.
What does it matter if I am now on my way.

Libro tercero

I
  (Con marzo)

Lo que antes era exacto ahora no encuentra
su sitio. No lo encuentra y es de día,
y va volado como desde lejos
el manantial, que suena a luz perdida.
Volado yo también a fuerza de hambres
cálidas, de mañanas inauditas,
he visto en el incienso de las cumbres
y en mi escritura blanca una alegría
dispersa de vigor. ¿Y aún no se yergue
todo para besar? ¿No se ilimitan
las estrellas para algo más hermoso
que un recaer oculto? Si la vida
me convocase en medio de mi cuerpo
como el claro entre pinos a la fría
respiración de luna, porque ahora
puedo, y ahora está allí . . . Pero no: brisas
de montaraz silencio, aligeradas
aves que se detienen y otra vez
su vuelo en equilibrio se anticipa.

Lo que antes era exacto, lo que antes
era sencillo: un grano que germina,
de pronto. Cómo nos avanza el solo
mes desde fuera. Huele a ti, te imita
la belleza, la noche a tus palabras
–tú sobre el friso de la amanecida.
¡Y que no pueda ver mi ciudad virgen
ni mi piedra molar sin golondrinas
oblicuas despertando la muralla
para saber que nada, nadie emigra!

Third Book

I

    (With March)

What was exact before doesn't find
its place now. It can't find it and it's daytime,
and the water spring runs quickly as if from
far away, and it sounds like lost light.
Quickly myself too, by dint of warm
hunger, of unheard-of mornings,
I have seen in the incense of the peaks
and in my white writing a happiness
dispelled of vigour. And hasn't everything
risen yet to kiss? Don't stars unlimit
themselves for something more beautiful
than a concealed relapsing? I wish life
summoned me in the middle of my body
as the clearing among pine trees does to the
cold moon breathing, because now
I can, and now it is there . . . But no: breezes
of wild silence, lightened
birds that halt and again
their balanced flight comes too soon.

What was exact before, what was
simple before: a seed that germinates,
suddenly. How the month alone pushes
us from outside. It smells like you, beauty
imitates you, night does so to your words
—you on the frieze of daybreak.
But I can't see my virginal town
or my molar stone without slanting
swallows waking the city walls
to know that nothing, nobody will migrate!

Oh, plumas timoneras. Mordedura
de la celeridad, mal retenida
si el hacha canta al pájaro cercenes
de últimos bosques y la tierra misma
salta como los peces en verano.
Yo que pensaba en otras lejanías
desde mi niebla firme, que pensaba
no aparte de la cumbre, sino encima
de la ebriedad. Así . . . ¡me bastaría
ladear los cabellos, entreabrir
los ojos, recordarte en cualquier viña!
Rugoso corazón a todas horas
brotando aquí y allá como semilla,
óyelo bien: no tiemblo. Es la mirada,
es el agua que espera ser bebida.
El agua. Se entristece al contemplarse
desnuda y ya con marzo casi encinta.
De qué manera nos devuelve el eco
las nerviaciones de las hojas vivas,
la plenitud, el religioso humo,
el granizo en asalto de avenidas.
Algo hay que mantener para los tiempos
mientras giren las ruecas idas. Idas.
Ah, nombradla. Ella dice, ella lo ha dicho.
¡Voz tanteando los labios, siendo cifra
de los ensueños! Ya no de esta bruma,
ya no de tardes timoneras, limpia
del inmortal desliz que va a su sitio
confundiendo el dolor aunque es de día.

II

    (Sigue marzo)
        Para Clara Miranda

Todo es nuevo quizá para nosotros.
El sol claroluciente, el sol de puesta,

Oh, steering feathers. Bite
of speed, badly held back
if the axe sings to the bird about cuttings
of the last woods and the very earth
jumps up like fish in the summer.
And I used to think about other distances
from my firm fog, I used to think
not aside from the peak but on top
of the inebriation. This way . . . it would suffice
to tilt my hair, half-open
my eyes, remember you at any vineyard!
Rough heart, at all times
sprouting here and there like a seed,
hear me well: I'm not trembling. It's the gaze,
the water waiting for someone to drink it.
Water. It grows sad on contemplating itself
bare and now almost pregnant with March.
How our echo is returned by
the veins of the living leaves of the trees,
the plenitude, the religious smoke,
the hail storming the avenues.
Something must be kept for the times
while the distaffs, gone, keep turning. Gone.
Ah, name it. She says so, she said it so.
A voice feeling the lips, being the figure
of daydreams! No longer of this mist,
no longer of steering evenings, clean
for the immortal slip that goes to its own place
mistaking pain even though it's daytime.

II
  (March Continues)
     For Clara Miranda

Everything is new perhaps for us.
The clear-shining sun, the setting sun,

muere; el que sale es más brillante y alto
cada vez, es distinto, es otra nueva
forma de luz, de creación sentida.
Así cada mañana es la primera.
Para que la vivamos tú y yo solos,
nada es igual ni se repite. Aquella
curva, de almendros florecidos suave,
¿tenía flor ayer? El ave aquella,
¿no vuela acaso en más abiertos círculos?
Después de haber nevado el cielo encuentra
resplandores que antes eran nubes.
Todo es nuevo quizá. Si no lo fuera,
si en medio de estas horas las imágenes
cobraran vida en otras, y con ellas
los recuerdos de un día ya pasado
volvieran ocultando el de hoy, volvieran
aclarándolo, sí, pero ocultando
su claridad naciente, ¿qué sorpresa
le daría a mi ser, qué devaneo,
qué nueva luz o qué labores nuevas?
Agua de río, agua de mar; estrella
fija o errante, estrella en el reposo
nocturno. Qué verdad, qué limpia escena
la del amor, que nunca ve en las cosas
la triste realidad de su apariencia.

III

Siempre me vienen sombras de algún canto
por el que sé que no me crees solo.
¿Y he de hacer yo que sea verdad? ¿Podría
señalar cuándo hay savia o cuándo mosto,
cuándo los trillos cambian el paisaje
nuevamente y en la hora del retorno?
Al cabo es el contagio lo que busco.
El contagio de ti, de mí, de todo

dies; that which rises is more shining and higher
each time, it's different, it's another new
form of light, of creation felt.
Thus each morning is the first one.
So that you and I may live it alone,
nothing is the same or repeats. That
soft curve, of flowering almond trees,
was it in bloom yesterday? That bird,
isn't it flying in wider circles?
After having snowed the sky finds
gleams that were clouds before.
Everything is new perhaps. If it weren't,
if in the midst of this hour these images
were to become alive in others, and with them
the memories of a day now past
were to return hiding that of today, were to return
clarifying it, yes, but hiding
its dawning clarity, what surprise
would it give to my being, what wonder,
what new light or what new toils?
River water, sea water; star,
fixed or wandering, star in nocturnal
repose. What truth, what clear scene
that of love, that never sees in things
the sad reality of their appearance.

III

Always there come to me the shadows of some song
for which I know you don't think I'm alone.
And am I to make it come true? Could I
point out when there is sap or when must,
when the threshers change the landscape
anew and in the hour of return?
After all, it is a contagion I seek.
The contagion of you, of me, of all

lo que se puede ver a la salida
de un puente, entre el espacio de sus ojos.
A la subida. Acosadoramente
cerca, hasta con el miedo del acoso,
llegas sobrepasando la llegada,
abriéndote al llegar como el otoño.
Y como el gran peligro de las luces
en la meseta se nivela en fondo
cárdeno, así mi tiempo ya vivido,
así: anunciando —¿qué ave?— por el modo
de volar, alto o bajo, la tormenta
o la calma. Y no importa que ese modo
nos apresure en soledad tan ágil.
Porque una cosa es creerme solo
y otra hacer ruido para andar más firme;
una cosa la noche, otra lo próximo
de aquella noche que pervive en ésta
y la desmanda —¡Calla, álamo, sobrio
hachón ardido de la espera! Y calla,
y mueve lindes de su voz en coro
de intimidad igual que si moviera
voces del aire mientras yo te oigo
—te estoy oyendo aunque no escuche nada—,
sombra de un canto ya casi corpóreo.

IV

Aún los senderos del espacio vuelven
a estar como en la tierra y se entrecruzan
lejos de la ciudad, lejos del hombre
y de su laboreo. La aventura
ha servido de poco. Sin mí el cerco,
el río, actor de la más vieja música.
Aún y aunque sonden sigilosas huellas,
amplísimas de rectas y de curvas,
el valle, el oferente valle, acaso

that can be seen when leaving
a bridge, between the space of its spans.
On the hill. Relentlessly
close, even with the fear of pursuit,
you arrive going beyond the finish line,
opening yourself on arrival like the autumn.
And like the great danger of the lights
on the plateau is levelled on the purple
background, so my time, already lived,
thus: heralding—what bird?—by how it
flies, high or low, a storm
or calm. And it doesn't matter if that
rushes us in such an agile solitude.
Because thinking I'm alone is one thing,
but making noise to walk more firmly is another matter;
one thing the night, another the proximity
of that night that survives in this one
and makes it unruly. —Be quiet, poplar, sober
candle, burnt with the waiting! And it is quiet,
and moves the boundaries of its voice in a chorus
of intimacy just as if it were moving
voices of the air while I hear you
—I am hearing you even though I listen to nothing—,
shadow of a song now almost corporeal.

IV

Still the paths of space are once again
as on the earth and they criss-cross
far from the city, far from man
and his labouring. The adventure
was in vain. Without me the fence,
the river, actor of the oldest music.
Still and although they track stealthy traces,
of the widest straights and curves,
the valley, the offering valley, perhaps

valle con señaleras criaturas.
¡Tanto nos va en un riesgo! La mañana,
en la mitad del tronco verdeoscura
y en la copa de un fuerte gris hojoso,
siente mil aletazos que la alumbran.
El cereal encaña y no se pierde.
Riesgos callados. Que también alguna
verdad arriesgue el alma ya visible.
Que tu manera de coger la fruta
sea la misma. Así. Y entre senderos
del espacio, ¿quién vuela? O ahora o nunca.
Bien se conoce por el movimiento
que puede más la huida que la busca;
no quizá por durar igual que todo
lo que muere y al fin da por segura
su elevación. Quizá porque es lo propio.
Mañana a costa de alas y de túnicas,
cereal encañado (la primera
senda sin otro viento que mi fuga),
el tropismo solar del agavanzo,
un ruido hacia la noche . . . Nunca. Nunca.

V

Será dentro del tiempo. No la mía,
no la más importante: la primera.
Será la única vez de lo creado.
¡Sencillez de lograr que no sea ésta
la primera y la última! Alba, fuente,
mar, cerro abanderado en primavera,
¡sed necesarios! Ella exige muchas
vidas y vive tantas que hace eterna
la del amante, la hace de un tempero
de amor, insoportablemente cierta.
El fruto muestra su sazón, la rama
ya avisa, tiemblo a tiemblo, su impotencia.

a valley with guiding creatures.
So much depends for us on a risk! The morning,
in the midst of the dark green trunk
and in the treetop of a strong leafy grey,
senses a thousand wing-flaps that light it up.
The cereal sprouts and is not lost.
Quiet risks. Let the soul also
risk some truth now visible.
Let the way you pick fruit
be the same. Like this. And amid paths
of space, who's flying? It's now or never.
It is well known by movement
that fleeing is more useful than searching;
perhaps not for lasting the same as everything
that dies, and finally it's sure of
its rising. Perhaps because that's what's right.
Morning at the cost of wings and tunics,
sprouted cereal (the first
path with no other wind but my escape),
the solar tropism of the wild rosebush,
a noise towards the night . . . Never. Never.

V

It will be within time. Not my own,
not the most important: the first one.
It will be the only time of what is created.
Simplicity of succeeding in not being
the first and the last! Dawn, fountain,
sea, standard-bearing hill in spring,
be necessary! She demands many
a life and lives so many that she turns that
of the lover eternal, makes it from
a readiness for love, unbearably certain.
The fruit shows its season, the branch already
warns, tremble after tremble, of its impotence.

Las estrellas no queman al pisarlas.
Cuando se miran desde abajo, queman.
Otras habrá, otras veces. Estoy solo
y abandonado como las iglesias
de arrabal a su sed de agua bendita.
Puedo sentir, podría marchar. Queda,
ráfaga de un beber de gaviota,
la extraña forma de crear, la bella
costumbre de decir: «hágase». Quedas
tú misma, tú, exigencia que alguien tiene.
Sencillamente amar una vez sola.
Arcaduz de los meses, vieja y nueva
ignorancia de la metamorfosis
que va de junio a junio. Ve: no espera
nada ni nadie en mí. ¿Qué necesitas?
Nada ni nadie para mi existencia.

VI

No es que se me haya ido: nunca ha estado.
Pero buscar y no reconocerlo,
y no alumbrarlo en un futuro vivo...
¿Cómo dejaré sólo este momento?
Nadie ve aquí y palpitan las llamadas
y es necesario que se saque de ello
la forma, para que otra vez se forme
como en la lucha con su giro el viento.
Como en la lucha con su giro. No,
no es que se haya entibiado en el renuevo
súbito de los olmos ni en el ansia
blanca igual que la médula del fresno.
Ayer latía por sí mismo el campo.
Hoy le hace falta vid de otro misterio,
del pie que ignora la uva aunque ha pisado
fuertemente la cepa. Hoy. Qué mal lejos,
qué confianza de rediles. Mientras,

The stars aren't hot on treading on them.
When they're looked at from below, they're hot.
There'll be others, other times. I'm alone
and abandoned like the slum
churches to their thirst for holy water.
I can feel, I could go away. It's still there,
a gust of a swallow's drinking,
the odd form of creation, the beautiful
habit of saying: 'Let there be.' You yourself
still remain, you, someone's demand.
Simply to love one single time.
Waterwheel bucket of the months, old and new
ignorance of the metamorphosis
that occurs from June to June. Look: it expects
nothing or no one in me. What do you need?
Nothing or no one for my existence.

VI

It is not as if it left me: it's never been here.
But to seek and not recognise it,
and not to light it up in a vivid future . . .
How will I leave only this moment?
No one sees here and the flames palpitate
and it is necessary that the form be taken out
from it, so that again it may form
like the wind in the battle with its turning.
Like in the battle with its spiralling. No,
it's not that I've cooled in the sudden
shoot of the elm trees or in the white
yearning like the pith of the ash tree.
Yesterday the field was beating on its own.
Today it needs the vine of another mystery,
of the foot that ignores the grape though it has trodden
heavily on the stock. Today. How badly distant,
what confidence of sheepfolds. Meanwhile,

no sabré hablar de lo que amo, pero
sé la vida que tiene y eso es todo.
Quizá el arroyo no aumente su calma
por mucha nube que le aquiete el sueño;
quizá el manantial sienta las alturas
de la montaña desde su hondo lecho.
¿Cómo te inmolaré más allá, firme
talla con el estuco del recuerdo?
Oh, más allá del aire y de la noche
(¡El cristalero azul, el cristalero
de la mañana!), entre la muerte misma
que nos descubre un caminar sereno
vaya hacia atrás o hacia adelante el rumbo,
vaya el camino al mar o tierra adentro.

VII

¡Qué diferencia de emoción existe
entre el surco derecho y el izquierdo,
entre esa rama baja y esa alta!
La belleza anterior a toda forma
nos va haciendo a su misma semejanza.
Y es que es así: niveles de algún día
para caer sin vértigo de magias,
en todo: en lo sembrado por el aire
y en la tierra, que no pudo ser rampa
de castidad. Y así tiene que vernos.
La luz nace entre piedras y las gasta.
Junta de danzas invisibles, muere
también amontonándose en sus alas.
Pero es distinto ya, es distinto, es
tan distinto que puede hacerse nada.
Si breve es el ocaso que alguien hubo
de iluminar, ahora yo de cada
cenit voy mendigando una ladera
como el relente un sol de lo que mana.

I won't know how to speak of what I love, but
I know about the life it has and that's enough.
Perhaps the stream won't get any quieter
no matter how many clouds quieten its sleep;
perhaps the water spring feels the heights
of the mountain from its deep river-bed.
How will I sacrifice you farther, firm
carving with the stucco of memory?
Ah, beyond the air and the night
(The blue glazier, the glazier
of the morning!), amid death itself
that reveals to us a serene walking
whether the course goes backward or forward,
whether the road goes to the sea or inland.

VII

What a different emotion there is
between the right and the left furrows,
between that low branch and that high one!
Beauty, prior to all forms,
is making us in its very likeness.
And it is thus: levels of some day
to fall without the dizziness of magic tricks,
in everything: in what's sown through the air
and in the earth, which couldn't be a ramp
of chastity. And thus it has to see us.
Light is born amid stones and it wears them away.
A meeting of invisible dances, it also
dies piling up upon its wings.
But it's different now, it's different, it's
so different that nothing can be done.
If the decline that someone had to
light up is brief, now I'm begging
a mountainside from each peak
as the night dew begs a sun from which it flows.

Miro a voces en ti, mira ese río
en la sombra del árbol reflejada
igual, lo mismo, entre la diferencia
de emoción, del sentir, que hace la escala
doblemente vital. Leche de brisas
para dar de beber a la eficacia
de los caminos blancos, que se pierden
por querer ir donde se va sin nada.
Ah, destempladme. ¿Quién me necesita?
¿Quién tiembla sólo de pensar que el alba
o algún pájaro vuelan hacia un lado
más suyo? Rama baja y rama alta.
La belleza anterior a toda forma
nos va haciendo a su misma semejanza.

VIII

Cómo veo los árboles ahora.
No con hojas caedizas, no con ramas
sujetas a la voz del crecimiento.
Y hasta a la brisa que los quema a ráfagas
no la siento como algo de la tierra
ni del cielo tampoco, sino falta
de ese dolor de vida con destino.
Y a los campos, al mar, a las montañas,
muy por encima de su clara forma
los veo. ¿Qué me han hecho en la mirada?
¿Es que voy a morir? Decidme, ¿cómo
veis a los hombres, a sus obras, almas
inmortales? Sí, ebrio estoy, sin duda.
La mañana no es tal, es una amplia
llanura sin combate, casi eterna,
casi desconocida porque en cada
lugar donde antes era sombra el tiempo,
ahora la luz espera ser creada.
No sólo el aire deja más su aliento:

I look at the voices in you, look at that river
equally in the reflected shade of the
tree, the same, between the difference
of emotion, of feeling, which makes the scale
doubly vivacious. Milk of breezes
to give something to drink to the efficiency
of the white paths, which get lost
for wanting to go where you can go with nothing.
Ah, unplant me. Who needs me?
Who trembles just by thinking that the dawn
or some bird is flying towards a place
more of its own? Low branch and high branch.
Beauty, prior to all forms,
is making us in its very likeness.

VIII

How I see the trees now.
Not with falling leaves, not with branches
subject to the voice of growth.
And even the breeze that burns them in gusts
I feel it not as something of the land
or of the sky either, but lacking
in that pain of life with destiny.
And the fields, the sea, the mountains,
well above their clear form
I see them. What have they done to my sight?
Is it that I'm going to die? Tell me, how
do you see men, their deeds, immortal
souls? Yes, I am inebriate, certainly.
The morning is not such, it is an ample
plain without combat, almost eternal,
almost unknown because in each
place where time was a shadow,
now light waits to be created.
Not only the air leaves more its breath:

no posee ni cántico ni nada;
se lo dan, y él empieza a rodearle
con fugaz esplendor de ritmo de ala
e intenta hacer un hueco suficiente
para no seguir fuera. No, no sólo
seguir fuera quizá, sino a distancia.
Pues bien: el aire de hoy tiene su cántico.
¡Si lo oyeseis! Y el sol, el fuego, el agua,
cómo dan posesión a estos mis ojos.
¿Es que voy a vivir? ¿Tan pronto acaba
la ebriedad? Ay, y cómo veo ahora
los árboles, qué pocos días faltan . . .

it possesses neither canticle nor anything;
it is given to it, and it begins to surround it
with the fleeting splendour of a wing-beat
and tries to make a hole big enough
so as not to remain outside. No, not only
to remain outside perhaps, but at a distance.
Well then: today's air has its canticle.
If only you could hear it! And the sun, fire, water,
how they give possession to these eyes of mine.
Is it that I'm going to live? Does the inebriation end
so soon? Ah, and how I see now
the trees, just a few days to go . . .

Conjuros

[1958]

Para Vicente Aleixandre

Conjurings

[1958]

For Vicente Aleixandre

Libro primero

A la respiración en la llanura

¡Dejad de respirar y que os respire
la tierra, que os incendie en sus pulmones
maravillosos! Mire
quien mire, ¿no verá en las estaciones
un rastro como de aire que se alienta?
Sería natural aquí la muerte.
No se tendría en cuenta
como la luz, como el espacio. ¡Muerte
con sólo respirar! Fuera de día
ahora y me quedaría sin sentido
en estos campos, y respiraría
hondo como estos árboles, sin ruido.
Por eso la mañana aún es un vuelo
creciente y alto sobre
los montes, y un impulso a ras del suelo
que antes de que se efunda y de que cobre
forma ya es surco para el nuevo grano.
Oh, mi aposento. Qué riego del alma
éste con el que doy mi vida y gano
tantas vidas hermosas. Tened calma
los que me respiráis, hombres y cosas.
Soy vuestro. Sois también vosotros míos.
Cómo aumentan las rosas
su juventud al entregarse. ¡Abríos
a todo! El heno estalla en primavera,
el pino da salud con su olor fuerte.
¡Qué hostia la del aliento, qué manera
de crear, qué taller claro de muerte!
No sé cómo he vivido
hasta ahora ni en qué cuerpo he sentido
pero algo me levanta al día puro,
me comunica un corazón inmenso,
como el de la meseta, y mi conjuro

First Book

To Breathing on the Plain

Stop breathing and let the earth
breathe you, let it burn you in its marvellous
lungs! However many
people look, will they not see in the seasons
a trace as of air that inspires?
Death would be natural here.
It would not be taken into account
like light, like space, Death
just by breathing! I wish it were day
now and I would fall senseless
in these fields, and I would breathe
deep like these trees, soundlessly.
That's why morning is still a flight
growing high over
the hills, and a thrust at ground level
that before it pours out and assumes
form, is already a furrow for the new grain.
Oh, my dwelling. What watering of the soul
this, with which I give my life and gain
so many beautiful lives. Be calm
all you who breathe me, men and things.
I am yours. You are also mine.
How roses increase
their youth on surrendering. Open yourselves
to everything! The hay bursts in spring,
the pine tree gives health with its strong odour.
What a host that of breath, what a way
of creating, what a clear workshop of death!
I don't know how I have lived
until now or in what body I have felt
but something lifts me to the pure day,
conveys an immense heart to me,
like that of the plateau, and my conjuring

es el del aire, tenso
por la respiración del campo henchida
muy cerca de mi alma en el momento
en que pongo la vida
al voraz paso de cualquier aliento.

A las estrellas

¡Que mi estrella no sea la que más resplandezca
sino la más lejana! ¡No me queme su lumbre
sino su altura, hasta lograr que crezca
la mirada en peligros del espacio y la cumbre!
¿Quién cae? ¿Quién alza el vuelo?
¿Qué palomares de aire me abren los olmos? Antes
era sencillo: tierra y, sin más, cielo.
Yo con mi impulso abajo y ellas siempre distantes.
Pero en la sombra hay luz y en la mañana
se hunde una oculta noche cerrando llano y río.
A qué lanzada al raso tan cercana
seguro blanco ofrece el pecho mío.
¡Pensar que brillarían aunque estuviera ciego
todas las estrellas que no se ven, aquellas
que están detrás del día! Esas de arriba, luego
caerán. ¡Hazlas caer! Ni son estrellas
ni es música su pulso enardecido.
Y mientras cubre el alba como un inmenso nido
sólidamente aéreo y blanco el puro
culminar de los astros, siguen viviendo apenas
como el grano en la vaina, que es su límite oscuro.
Oíd: ¿quién nos sitia acaso las celestes almenas?

Y no encuentra reposo
lo que vive en lo alto. Vive y sube
más, como el sol, como la nube
mientras los campos sienten el tiempo más hermoso.

is that of the air, tense
with the breathing of the country swollen
very close to my soul in the moment
when I place my life
on the ravenous passage of whichever breath.

To the Stars

Let my star not be the most shining
but the most distant! Let not its fire, but its height,
burn me, as far as my gaze can grow
in dangers of space and the peak!
Who's falling? Who's flying off?
What dovecotes of air open my elm trees? It used
to be simple: earth and just sky.
I'm with my impulse down here; they're always distant.
But there's light in the shadow and, in the morning,
a concealed night sinks closing plain and river.
To what so nearby spear in the open air
does my breast present a sure target?
To think they'd shine, even if I was blind,
all the unseen stars, those
that hide behind the day! Those up there, they'll
fall later. Let them fall! They're neither stars
nor is their inflamed pulse music.
And while dawn, like an immense nest,
solidly aerial and white, covers the pure
culmination of the stars, they hardly keep living
like the seed in the pod, which is its dark boundary.
Listen: who lays siege to our heavenly battlements?

And that which dwells up high
can find no rest. It lives and rises
higher, like the sun, like the cloud
while the fields are sensitive to the mildest of weathers.

Y hasta el más inminente. Porque, ¿quién mueve, cuando
madura, toda la sazón, quién cuando cae avisa
que es sobre todo luz y va empezando
a preparar la tierra como para una brisa
tan ardiente que bruña la meseta?
Ah, qué eterno camino se completa
dentro del corazón del hombre. Sin embargo, ahora nada
se puede contener, y hay un sonido
misterioso en la noche, y hay en cada
ímpetu del espacio un corpóreo latido.
¡Estrellas clavadoras, si no fuera
por vuestro hierro al vivo se desmoronaría
la noche sobre el mundo, si no fuera
por vuestro resplandor se me caería
sobre la frente el cielo! Estrellas puras
que vuelvo a ver como antes nuevamente,
claras para los ojos y para el alma oscuras.

No tan cerca. ¡Salvadme! Estoy enfrente.
El aire hace creer que surge el día
pero no los sembrados, aún serenos
en su tarea hacia la luz, que al menos
es un pueblo creciente de aves de altanería.
¿Dónde están las montañas? ¿Dónde las altas cumbres
si está más cerca siempre mi llanura
de las estrellas? ¿Dónde están las lumbres
de un corazón tan fuerte, tan hondo de ternura
que llegue en todo su latido al cielo?
Esto es sagrado. Cuanto miro y huelo
es sagrado. ¡No toque nadie! Pero
sí, tocad todos, mirad todos arriba.
¿Tan miserable es nuestro tiempo que algo
digno, algo que no se venda sino que, alto
y puro, arda en amor del pueblo y nos levante
ya no es motivo de alegría? ¡Vida,
estrella de hoy, de agosto! ¡Ved, ved, cae
con ella, allí, todo aquel tiempo nuestro!

And even the most imminent. For, who moves, when
ripening, all the season? Who yells out, when falling,
that it is light above all and is starting
to ready the soil as for a breeze,
so scorching that it will burnish the plateau?
Oh, what an unending road finishes
inside the heart of man! And yet, nothing now
can be contained, and there's a mysterious
sound in the night, and there's a bodily
pulse in every stroke of space.
Nailing stars! if it weren't
for your red-hot iron, the night
would crumble on the world, if it weren't
for your brightness the heavens
would fall on my forehead! Pure stars
that I see again as before,
clear to the eyes and dark to the soul.

Not so close. Save me! I'm in front of you.
The air makes one believe that the day emerges
but not the sown fields, still serene
in their task towards the light, which at least
is a growing village of high-flying falcons.
Where are the mountains? Where are the high peaks
if my plain is always closer
to the stars? Where are the fires
of such a strong heart, so deep in tenderness
that its full beating will reach the heavens?
This is holy. Everything I look at and smell
is holy. Let no one touch! But,
yes, everyone touch, everyone look up!
Is our time so wretched that something
decent, something not for sale but, tall
and pure, burning in love of the people and raising us up,
is not a good reason for joy any more? Life,
star of today, of August! See, see, it's falling
with it, over there, all that time of ours!

Y así, marcadme, estrellas, como a una res. ¡Que el fuego
me purifique! Que abra la mañana
con vosotras su luz a la que entrego
todo lo mío, todo lo vuestro, todo lo que hermana.

Día de sol

Me he puesto tantas veces al sol sin darme cuenta.
¡Ni un día más! De pronto, como se abre el mercado
o el taller de la plaza, qué faena, qué renta
se me abre el día de hoy. Id a mi lado
sin más arreos que la simple vida,
sin más que la humildad por aparejo.
¡No espero más! Oh, sed ropa tendida.
¡Que nos varee el sol y el fruto viejo
caiga y sirva de abono
a la nueva sazón, y la sustente!
Repón tu apero, corazón, colono
de este terreno mío. ¡Que sea hoy el aviente,
que sea hoy el espadar del lino
y se nos mulla y quede limpio el grano!
¡No os espero ya más! Me voy por mi camino
a la solana eterna, donde en vano
tomé el sol con vosotros tantas veces
sin darme cuenta. Cuántas, cuántas veces
esperé a que por dentro de la piel nos curtiera.
No pasó de ella. Os dejo,
ahí os quedáis. Quisiera . . .
¡Pero ni un día más! Os aconsejo
que ya que así estáis bien estad siquiera
con llaneza y con fe. ¿Por qué ha venido
esta mañana a darme a mí tal guerra,
este sol a encender lo que he perdido?
Tapad vuestra semilla. Alzad la tierra.
Quizá así maduréis y habréis cumplido.

And so, brand me, stars, like to head of cattle. Let fire
purify me! Let the morning break
its light with you, to which I surrender
all that's mine, all that's yours, all that unites.

A Sunny Day

I have been out so often in the sunshine unaware.
Not one more day! Suddenly, since the market opens
or the workshop in the square, what work, what income
opens today for me. Go alongside me
with no other tack than life itself,
with nothing but humility for gear.
I won't wait any longer! Oh, as washing laid out to dry.
Let the sun knock us and the old fruit
fall down and serve as fertilizer
for the new season, and sustain it!
Replace your tools, heart, tenant farmer
of this terrain of mine. Let today be the winnowing,
let today be the scraping of the flax
and let the grain soften and be clean!
I'm not waiting for you anymore! I'm going my way
to the eternal suntrap, where in vain
I sunbathed with you so many times
without being aware. How many, how many times
I waited for it to tan and harden us inside our skin.
It never went through it. I leave you,
you all stay there. I'd like . . .
But not one more day! I advise you all
that since you are fine like this, at least be
with simplicity and faith. Why has
this morning come to goad me so much,
this sun to light up what I have lost?
Cover your seed. Raise the earth.
Thus you may mature and then be fulfilled.

A las puertas de la ciudad

Voy a esperar un poco
a que se ponga el sol, aunque estos pasos
se me vayan allí, hacia el baile mío,
hacia la vida mía. Tantos años
hice buena pareja con vosotros,
amigos. Y os dejé, y me fui a mi barrio
de juventud creyendo
que allí estaría mi verbena en vano.
¡Si creí que podíais seguir siempre
con la seca impiedad, con el engaño
de la ciudad a cuestas! ¡Si creía
que ella, la bien cercada, mal cercado
os tuvo siempre el corazón, y era
todo sencillo, todo tan a mano
como el alzar la olla, oler el guiso
y ver que está en su punto! ¡Si era claro:
tanta alegría por tan poco costo
era verdad, era verdad! Ah, cuándo
me daré cuenta de que todo es simple.
¿Qué estaba yo mirando
que no lo vi? ¿Qué hacía tan tranquila
mi juventud bajo el inmenso arado
del cielo si en cualquier parte, en la calle,
se nos hincaba, hacía su trabajo
removiéndonos hondo a pesar nuestro?
Años y años confiando
en nuestros pobres laboreos, como
si fuera nuestra la cosecha, y cuánto,
cuánto granar nos iba
cerniendo la azul criba del espacio,
el blanco harnero de la luz. Sí, nada,
nada era nuestro ya: todo nuestro amo.
Como el Duero en abril entra en la casa
del hombre y allí suena, allí va dando
su eterna empresa y su labro, y, entonces,

At the Town Gates

I'm going to wait a while
for the sun to set, even if these footsteps
of mine go there, towards my dance,
towards my life. For so many years
I was a good partner to you,
friends. And I left you, and went to my
neighbourhood of youth believing
that my street party would be there in vain.
I even thought you could always keep
the dry heartlessness, with the town's
deceit on your shoulders! I even thought
that it, the well besieged, always laid a bad
siege to your hearts, and everything
was simple, everything was so close to hand
like raising the lid, smelling the stew,
and seeing that it's just ready! It was quite clear:
so much happiness at such a low price
it was true, it was true! Ah, when
will I realise that everything's simple.
What was I looking at
that I didn't see it? Why was my youth
so calm under the huge plough
of the sky if anywhere, in the street,
we were being thrust, it did its job
stirring us up deeply in spite of ourselves?
Years and years trusting
our poor cultivations, as
if the harvest was ours, and how many,
how many seeds the blue
sieve of space was sifting on us,
the white sieve of the light. Yes, nothing,
nothing was ours anymore: all of it, our master.
As the Duero in April enters a man's
house and sounds in there, giving
its eternal undertaking and its work, and, then,

¿qué se podría hacer: ponerse a salvo
con el río a la puerta,
vivir como si no entrara hasta el cuarto,
hasta el más simple adobe el puro riego
de la tierra y del mundo? Y bien, al cabo
así nosotros, ¿qué otra cosa haríamos
sino tender nuestra humildad al raso,
secar al sol nuestra alegría, nuestra
sola camisa limpia para siempre?
Basta de hablar en vano
que hoy debo hacer lo que debí haber hecho.
Perdón si antes no os quise dar la mano
pero yo qué sabía. Vuelvo alegre
y esta calma de puesta da a mis pasos
el buen compás, la buena
marcha hacia la ciudad de mis pecados.
¡De par en par las puertas! Voy. Y entro
tan seguro, tan llano
como el que barbechó en enero y sabe
que la tierra no falla, y un buen día
se va tranquilo a recoger su grano.

El canto de linos
(Salida a la labranza)

Por mucho que haga sol no seréis puros
y ya no hay tiempo. Apenas
se mueve el aire y con la luz del día,
aún lejana en los cerros, se abre el campo
y se levanta a su labor el hombre.
Y ved: la hora mejor. ¿Y qué ha pasado
para que hoy en plena sazón sólo
nos acordemos de la siembra aquella,
de aquel trillar, de aquellos laboreos?
¡Si la cosecha no es más que el principio!

what could be done: reaching safety
with the river at the door,
living as if it wouldn't go all the way into the room,
as if the pure watering of the earth and the world
wouldn't seep into the simplest adobe? Well, thus us
after all, what else would we do
but spread our humility in the open air,
drying our joy in the sun, our
only clean shirt forever?
Enough talking in vain
for today I must do what I should have done.
Forgive me if I didn't shake hands with you before
but how could I know. I come back happily
and this quiet sunset keeps my footsteps
in good time, in a good
march towards the town of my sins.
Those doors, wide open! I'm going. And I enter
so sure, as straightforward
as he who left fallow in January and knows
that the soil won't fail him, and any given day
he'll go calmly to reap his harvest.

The Song of Flaxes
(Going Out to Plough)

No matter if it's sunny or not, you won't be pure
and there is no longer any time. The air
is barely moving and with the light of day,
still far off in the hills, the country opens up
and man rises to his labour.
And look: The best hour. And what has happened
so that today in full season we
only remember that sowing,
that threshing, those tillings?
The harvest is nothing but the beginning!

¡Fuera la hoz, sí, fuera
el corto abrazo del apero aun cuando
toda la tierra sea esperanza! Siempre,
como el buen labrador que cada año
ve alto su trigo y cree
que lo granó tan sólo su trabajo,
siempre salimos a esperar el día
con la faena a cuestas, y ponemos
la vida, el pecho al aire y un momento
somos al aire puros. Pero sólo
por un momento. Oíd desde aquí: ¿qué hondo
trajín eterno mueve nuestras manos,
cava con nuestra azada,
limpia las madres para nuestro riego?
Todo es sagrado ya y hasta parece
sencillo prosperar en esta tierra,
cargar los carros con el mismo heno
de juventud, llevarlo
por aquel mismo puente. Pero, ¿dónde,
en qué inmenso pajar cabrán los pastos
del hombre, aquellas parvas
que puede que estén frescas todavía?
¿Dónde, dónde? Tú antes,
tú, el elegido por las estaciones,
el de la gran labranza, ven conmigo.
Enséñame a sembrar en el sentido
del viento. Qué vendimia
la de hoy, a media madurez, a media
juventud. ¿Dónde el tordo que salía
de allí con la humildad del vuelo abierta
como si aún pudiera volver siempre?
No volverá. Bien sé lo que he perdido.
Pero tú baila, triunfa, tú, que puedes.
No lo digamos. No, que nadie sepa
lo que ha pasado esta mañana. Vamos
juntos. No digas más que tu cosecha,
aunque esté en tu corral, al pie de casa,
no será tuya nunca.

Away with the sickle, indeed, away with
the short embrace of the tools even when
all the earth is hope! Always,
like the good farmer who every year
sees his wheat grow tall and believes
that it was only his work that put the grain in it,
we always go out to await the day
with our farm work on our backs, and we place
our life, our chest in the air and for a moment
we are pure to the air. But only
for a moment. Listen from here: what deep
eternal commotion moves our hands,
digs with our hoe,
clears the ditches for our irrigation?
Everything is sacred now and it even seems
simple to prosper on this earth,
to load the carts with the same hay
of youth, to carry it
over that same bridge. But, where,
in which immense hayloft will the fodder
of man fit, those heaps
that may even still be fresh?
Where, where? You first,
you, the one chosen by the seasons,
the one of the great plough, come with me.
Teach me to sow with a favourable
wind. What a harvest
this of today, half-ripened, in half
youth. Where the thrush that would leave
from there with the humility of its flight, open
as if it could still always return?
It won't return. I know well what I have lost.
But dance, triumph, you who can.
Let's not say it. No, let no one know
what has happened this morning. Let's go
together. Don't say more than that your harvest,
though it may be in your farmyard, at the foot of the house,
will never be yours.

Con media azumbre de vino

¡Nunca serenos! ¡Siempre
con vino encima! ¿Quién va a aguarlo ahora
que estamos en el pueblo y lo bebemos
en paz? Y sin especias,
no en el sabor la fuerza, media azumbre
de vino peleón, doncel o albillo,
tinto de Toro. Cuánto necesita
mi juventud; mi corazón, qué poco.
¡Meted hoy en los ojos el aliento
del mundo, el resplandor del día! Cuándo
por una sola vez y aquí, enfilando
cielo y tierra, estaremos ciegos. ¡Tardes,
mañanas, noches, todo, árboles, senderos,
cegadme! El sol no importa, las lejanas
estrellas . . . ¡Quiero ver, oh, quiero veros!
Y corre el vino y cuánta,
entre pecho y espalda cuánta madre
de amistad fiel nos riega y nos desbroza.
Voy recordando aquellos días. ¡Todos,
pisad todos la sola uva del mundo:
el corazón del hombre! ¡Con su sangre
marcad las puertas! Ved: ya los sentidos
son una luz hacia lo verdadero.
Tan de repente ha sido.
Cuánta esperanza, cuánta cuba hermosa
sin fondo, con olor a tierra, a humo.
Hoy he querido celebrar aquello
mientras las nubes van hacia la puesta.
Y antes de que las lluvias del otoño
caigan, oíd: vendimiad todo lo vuestro,
contad conmigo. Ebrios de sequía,
sea la claridad zaguán del alma.
¿Dónde quedaron mis borracherías?
Ante esta media azumbre, gracias, gracias
una vez más y adiós, adiós por siempre.
No volverá el amigo fiel de entonces.

With a Litre of Wine

Never sober! Always
fuelled with wine! Who is going to water it down now
that we are in the village and drinking it
in peace? And without spices,
its strength not in the taste, one litre
of ordinary wine, sweet or white,
red from Toro. How much my youth
needs; my heart, how little.
Put in your eyes today the breath
of the world, the day's splendour! When
just for once and here, aiming
heaven and earth, will we be blind. Afternoons,
mornings, evenings, all, trees, paths,
blind me! The sun doesn't matter, the far off
stars . . . I want to see, oh, I want to see you all!
And the wine is flowing and how much,
how much knocked back inundation of faithful friendship
is washing us down and clearing our undergrowth.
I am remembering those days now. All of you,
all tread the sole grape of the world:
the heart of man! Mark the doors
with its blood! Look: now the senses
are a light towards what is true.
It has been so sudden.
How much hope, how many beautiful bottomless
casks, smelling of earth, of smoke.
Today I have wanted to celebrate that
while the clouds are moving toward the sunset.
And before the autumn rains
come, listen: harvest all that is yours,
count on me. Drunk with drought,
let clarity be the hallway of the soul.
Where do my drinking binges lie?
Before this litre, thanks, thanks
one more time and farewell, farewell for good.
The true friend from those times will not return.

Cosecha eterna

Y cualquier día se alzará la tierra.
Ved que siempre está a punto
y espera sólo un paso bien pisado.
¡Pronto, pisadla ahora,
que sube, que se sale
la leche, la esperanza
del hombre, que ya cuece
el sobrio guiso de la vida! Pero
no, nunca así. ¡Pisadla
con fe, que el pie sencillo
sea ligera arma de pureza!
Nosotros, los mandados de la empresa,
los clientes del cielo,
¿qué más vamos a hacer? Y, nada, nada
habrá bajo la tierra que no salga
a la luz, y ved bien, a pesar nuestro,
cómo llega la hora de la trilla
y se tienden las parvas,
así nos llegará el mes de agosto,
del feraz acarreo,
y romperá hacia el sol nuestro fiel grano
porque algún día se alzará la tierra.

¿Quién con su mano eterna
nos siembra claro y nos recoge espeso?
¿Qué otra sazón sino la suya cuaja
nuestra cosecha? ¿Qué bravío empieza
a dar sabor a nuestro fruto? ¡A ése,
parad a ése, a mí, paremos todos:
nuestra semilla al viento!
Pero qué importa. ¡Ved, ved nuestro surco
avanzar como la ola,
vedle romper contra el inmenso escollo
del tiempo! Pero qué importa. ¡A la tierra,
a esta mujer mal paridera, demos

Eternal Harvest

And any day the land will rise up.
See that it is always on the point
and it awaits only a good footstep.
Right now, tread it,
that it's rising, that the milk
is boiling over, the hope
of man, since it cooks
the simple meal of life! But
no, never so. Tread
with faith, let the simple foot
be a gentle arm of purity!
We, the servants of the company,
the clients of heaven,
what more are we going to do? And, nothing,
there will be nothing under the earth that will not
come to light, and become well aware, despite us,
how the hour of threshing comes
and the unthreshed corn is spread out,
thus the month of August will come to us
with bountiful cartage,
and it will break to the sun our faithful grain
because some day the earth will rise up.

Who with his eternal hand
sows us thinly and gathers us densely?
What other season but his garners
our harvest? What fierceness is beginning
to give flavour to our fruit? That one,
stop that one, me, let's all stop:
our seed to the wind!
But what does it matter. See, see our furrow
advancing like a wave,
see it breaking against the immense reef
of time! What does it matter. To the earth,
to this badly fecund woman, let us give

nuestra salud, el agua
de la salud del hombre! ¡Que a sus hijos
nos sienta así, nos sienta
heñirla sin dolor su vientre a salvo!
Y ahora más que nunca,
en esta hora del día en que esto canto,
el que no se dé cuenta
de que respira, no salga de casa.
¡A su puerta el aliento
de la vida, a su calle
la verbena mejor! Mucho cuidado:
quien pisa raya pisará medalla.
Sagrado es desde hoy el menor gesto.
¿No se oye como el ruido
de un inmenso redil lejano? ¡Pronto,
que va a llegar la fresca y aún estamos
a la intemperie! Oídme, yo sé un sitio . . .
¡Vamos, hay que ir allí, no perdáis tiempo,
no esperéis a sacar toda la ropa
que con lo puesto os basta!
¡Que se hace tarde, vámonos, que llega
la hora de la tierra y aún no cala
nuestro riego, que cumple
el gran jornal del hombre y no está el hombre!
Pero ya qué más da. La culpa es nuestra
y quién iba a decirlo, pero vedlo:
mirad a nuestros pies alta la tierra.

Al ruido del Duero

Y como yo veía
que era tan popular entre las calles
pasé el puente y, adiós, dejé atrás todo.
Pero hasta aquí me llega, quitádmelo, estoy siempre
oyendo el ruido aquel y subo y subo,

our health, the water
of man's health! Let us feel thus
as her children, let her feel us
kneading painlessly her womb without harm!
And now more than ever,
in this hour of the day in which I sing this,
he who doesn't realise
that he's breathing, let him not leave home.
At his door the breath
of life, at his street
the best verbena! Take great care:
step on a line and bad luck will befall.
The slightest gesture from today is sacred.
Can you not hear something like the sound
of an immense remote sheepfold? Quick,
the morning cool is coming and we are still
in the open air! Listen to me, I know a place . . .
Let's go, we have to go there, waste no time,
don't wait to take out all your clothes,
what you have on is enough!
It's getting late, let's go, the hour
of the earth is coming and our irrigation
isn't soaking in yet;
the great work of man is nearly over and man is not there!
But what does it matter now. The fault is ours
and who would say it, but see it:
look at our feet the earth high.

To the Noise of the Duero

And as I saw
I was so popular among the streets
I crossed the bridge and, farewell, I left all behind.
But it comes to me even here, take it away, I am always
hearing that noise and I go up and up,

ando de pueblo en pueblo, pongo el oído
al vuelo del pardal, al sol, al aire,
yo qué sé, al cielo, al pecho de las mozas
y siempre el mismo son, igual mudanza.
¿Qué sitio éste sin tregua? ¿Qué hueste, qué altas lides
entran a saco en mi alma a todas horas,
rinden la torre de la enseña blanca,
abren aquel portillo, el silencioso,
el nunca falso? Y eres
tú, música del río, aliento mío hondo,
llaneza y voz y pulso de mis hombres.
Cuánto mejor sería
esperar. Hoy no puedo, hoy estoy duro
de oído tras los años que he pasado
con los de mala tierra. Pero he vuelto.
Campo de la verdad, ¿qué traición hubo?
¡Oíd cómo tanto tiempo y tanta empresa
hacen un solo ruido!
¡Oíd cómo hemos tenido día tras día
tanta pureza al lado nuestro, en casa,
y hemos seguido sordos!
¡Ya ni esta tarde más! Sé bienvenida,
mañana. Pronto estoy: sedme testigos
los que aún oís. Oh, río,
fundador de ciudades,
sonando en todo menos en tu lecho,
haz que tu ruido sea nuestro canto,
nuestro taller en vida. Y si algún día
la soledad, el ver al hombre en venta,
el vino, el mal amor o el desaliento
asaltan lo que bien has hecho tuyo,
ponte como hoy en pie de guerra, guarda
todas mis puertas y ventanas como
tú has hecho desde siempre,
tú, a quien estoy oyendo igual que entonces,
tú, río de mi tierra, tú, río Duradero.

I wander from village to village, I put my ear
to the flight of the linnet, to the sun, to the air,
whatever, to the sky, to the young women's breast
and always the same song, the same figure.
What siege this without respite? What host, what lofty fights
storm into my soul at all hours,
capture the tower with the white flag,
open that side door, the silent one,
the one never false? And it is
you, river music, deep breath of mine,
simplicity and voice and my men's pulse.
It would be so much better
to wait. I can't today, I'm hard
of hearing today after the years I have spent
with those from waste lands. But I am back.
Field of Truth, what betrayal was there?
Hear how so much time and so many ventures
become one single sound!
Hear how day after day we have had
so much purity at our side, at home,
and we have remained deaf!
Not even this one afternoon! Welcome,
morning. I am prepared: be my witnesses
you who still hear! Oh, river,
founder of cities,
reverberating in everything but in your bed,
let your noise be our song,
our workshop in life. And if some day
solitude, seeing man for sale,
wine, bad love, or discouragement
assault that which you have well made yours,
get yourself like today on a war footing, guard
all my doors and windows as
you have always done,
you, to whom I'm hearing just as back then,
you, river of my land, you, Enduring river.

A mi ropa tendida
(El alma)

Me la están refregando, alguien la aclara.
¡Yo que desde aquel día
la eché a lo sucio para siempre, para
ya no lavarla más, y me servía!
¡Si hasta me está más justa! No la he puesto
pero ahí la veis todos, ahí, tendida,
ropa tendida al sol. ¿Quién es? ¿Qué es esto?
¿Qué lejía inmortal, y qué perdida
jabonadura vuelve, qué blancura?
Como al atardecer el cerro es nuestra ropa
desde la infancia, más y más oscura
y ved la mía ahora. ¡Ved mi ropa,
mi aposento de par en par! ¡Adentro
con todo el aire y todo el cielo encima!
¡Vista la tierra tierra! ¡Más adentro!
¡No tendedla en el patio: ahí, en la cima,
ropa pisada por el sol y el gallo,
por el rey siempre!

                He dicho así a media alba
porque de nuevo la hallo,
de nuevo al aire libre sana y salva.
Fue en el río, seguro, en aquel río
donde se lava todo, bajo el puente.
Huele a la misma agua, a cuerpo mío.
¡Y ya sin mancha! ¡Si hay algún valiente,
que se la ponga! Sé que le ahogaría.
Bien sé que al pie del corazón no es blanca
pero no importa: un día . . .
¡Qué un día, hoy, mañana que es la fiesta!
Mañana todo el pueblo por las calles
y la conocerán, y dirán, «Ésta
es su camisa, aquélla, la que era
sólo un remiendo y ya no le servía.
¿Qué es este amor? ¿Quién es su lavandera?».

To My Spread Out Washing
(The soul)

They're scrubbing it for me, someone's rinsing it.
Yet I, since that day,
had thrown it in the laundry basket forever, so
that I wouldn't wash it again, but it fit me well!
Isn't it even tighter now! I haven't worn it
and all of you can see it, over there, spread out,
laundry spread out in the sun. Who is it? What is this?
What immortal bleach, and what lost
suds are coming back, what whiteness?
Like the hill at dusk, our clothes
since childhood, darker and darker
and look at mine now. Look at my washing,
my lodging wide open! Get all
the air inside and all the heavens above!
Let the earth wear the earth! Deeper inside!
Don't spread it out in the courtyard: there, on the peak,
washing trodden by the sun and the cock,
always by the king!

          I've spoken thus at mid-dawn
because I find it once again,
once again in the open air, safe and sound.
It was in the river, for sure, in that river
where everything's washed, under the bridge.
It smells like that same water, like my body.
And now spotless! If someone's man enough,
let him put it on! I know it would choke him.
I well know that at the heart's foot it's not white
but it doesn't matter: some day . . .
Not some day, today, tomorrow, for it's festival day!
Tomorrow the whole village will be in the streets
and they'll recognise it, and they'll say: 'This
is his shirt, that one, the one that was
nothing but patches and wouldn't fit him anymore.
What is this love? Who is his laundress?'

Libro segundo

A una viga de mesón

¡Si veo las estrellas, si esta viga
deja pasar la luz y no sostiene
ya ni la casa! Viga
de par en par al resplandor que viene
y a la dura faena
del hombre, que ha metido
tantos sueños bajo ella, tanta buena
esperanza. Así, así. ¡No haber sentido
humo de la ciudad ni mano de obra!
Siempre así. ¿No oigo el ruido aquel del río,
el viento aquel del llano? ¡Si recobra
toda su vida sobre mí, si es mío
su cobijo por esta noche, que entra
más alta a su través! ¿Cómo he podido
sostenerme hoy aquí si ella se encuentra
en pleno vuelo, si ha ido
a darlo todo a campo abierto, fuera
de esta casa, con ella? ¡Contrafuerte
del cielo, alero inmenso, viga que era
hace sólo un momento un tronco inerte,
sé tú, sé la techumbre
para todos los hombres algún día!
Comienza a clarear. Como a una cumbre
la estoy mirando. ¡Oíd: se me caería
encima, se me caería hasta que fuera
digno de estar bajo ella y no me iría
de aquí! Pero, ¿alguien puede, alguien espera
ser digno, alzar su amor en su trabajo,
su cobijo en su suelo,
su techo en la carcoma de aquí abajo
en la que tiembla ya un nido del cielo?

Second Book

To a Beam of an Inn

But I can see the stars, this beam
lets light filter through and it doesn't even
hold up the house! Beam
wide open to the shining that comes
and the hard labour
of man, who has placed
so many dreams under it, so much good
hope. Like this, like this. Not to have felt
smoke from the city or manpower!
Always like this. Don't I hear that noise from the river,
that wind from the plain? But it regains
all of its life over me, but it is mine
its shelter for the night, which enters
through higher up! How have I been able
to hold up here if it is
in full flight, if it went
to cope with everything in the open field, outside
this house, with it? Buttress
of the sky, immense eave, beam that was
only a moment ago a lifeless trunk,
you, be, be the roofing
for all men some day!
The day is breaking. As if at a peak
I am looking at it. Listen: it would fall on top
of me, it would fall on me until I were
worthy of being beneath it and I would not leave
here! But, can anyone, does anyone expect
to be worthy, to raise their love on their work,
their shelter on their ground,
their ceiling on the consumption of here below
in which a nest from the sky now trembles?

A las golondrinas

¿Y me rozáis la frente,
y entráis por los solares igual que por el cielo
y hacéis el nido aquí ruidosamente,
entre los hombres? Qué sed tendrá el vuelo
de tierra. Más, más alto. ¡Que no os sienta
este cuerpo, que no oigan nada puro
estos ruidos! Cuándo os daréis cuenta
del sol, de que ese muro
busca vuestro calor. ¡Acribilladlo
ahora, metedle el pecho hasta lo hondo
como al barro del nido; abandonadlo
si no! Oh, más, más alto. ¿Dónde, dónde me escondo?
¿Aquí, en pleno chillido, en plena tarde
de junio, en mi ciudad? Y cuántas veces
con este cielo a cuestas que tanto arde
os vi entrar en lo humilde, cuántas veces
quise alejarme con vosotras. Ahora
es bien distinto. ¡Idos! ¿Por qué hoy no hay nada que huya?
¿Qué estáis buscando aún si el hombre ignora
que vivís junto a él y a la obra suya
dais vuestra azul tarea
beneficiando su labor, su grano
y sus cosechas? Mas dejad que sea
siempre así y aunque no haya luz y en vano
intentéis sostenerla a fuego abierto,
seguid, bajad sin desaliento. Ya era
necesario hacer pie. Cómo despierto
oyéndoos. ¡Bajad más! Si pudiera
deteneros, posaros aquí, haceros
blanco puro del aire . . . Si pudiera
decir qué tardes, qué mañanas mías
se han ganado . . . Gracias, gracias os doy con la mirada
porque me habéis traído aquellos días,
vosotras, que podéis ir y volver sin perder nada.

To the Swallows

And you brush my forehead,
and enter through our sun-lit plots just like through the sky
and you make your nest here noisily,
among men? How thirsty flight must be
for earth. Higher, higher. Do not let this body
feel you, do not let these noises hear
anything pure! When will you take note of
the sun, of that wall
that seeks your warmth. Have it riddled
now, put your chest deep down into it
as your nest into mud; abandon it
otherwise! Oh, higher, higher. Where, where shall I hide?
Here, in full shriek, in June's full
afternoon, in my town? And how many times
with this such burning sky on my shoulders
I saw you entering the humble, how many times
I wished to be off with you. Now
it is quite different. Go away! Why is there nothing that flees today?
What are you still looking for if man ignores
that you live right by him and by his work
you give your blue task
increasing his labour, his grain,
and his crops? But let it be
always so and even if there is no light and in vain
you try to hold it in open fire,
go on, come down without discouragement. It was already
necessary to gain a foothold. How I awaken
hearing you. Come lower! If I could
halt you, pose you here, make you
pure targets of the air . . . If I could
say what afternoons, what mornings of mine
have been won . . . Thanks, I thank you with my gaze
because you have brought me those days,
you, who can come and go without losing anything.

Ante una pared de adobe

Tierra de eterno regadío, ahora
que es el tiempo de arar, ¿eres tú campo,
te abres al grano como entonces, sientes
aquel tempero? En vano
cobijarás con humildad al hombre.
Vuelve a la fe de la faena, a tu amo
de siempre, al suelo de Osma.
¿Y aquel riego tan claro
muy de mañana, el más beneficioso?
Creía yo que aún era verano
por mis andanzas, y heme
buscando techo. Si tú, que vas a dármelo
para hoy y muy pronto para siempre,
adobe con el cielo encima, a salvo
del aire que madura y del que agosta,
¿a qué sol te secaste, con qué manos
como estas mías tan feraz te hicieron,
con cuántos sueños nuestros te empajaron?
¡Mejor la sal, mejor cualquier pedrisca
que verte así: hecho andamio
de mi esperanza! Pero venid todos.
La tarde va a caer. ¡Estaos al raso
conmigo! ¡Aún no tocadle! Ya algún día,
surco en pie, palmo a palmo,
abriremos en ti una gran ventana
para ver las cosechas, como cuando
sólo eras tierra de labor y ahora
rompías hacia el sol bajo el arado.

Al fuego del hogar

Aún no pongáis las manos junto al fuego.
Refresca ya, y las mías

Before an Adobe Wall

Land of eternal irrigation, now
it's ploughing time, are you a field,
do you open up to the seeds as back then, do you
feel that readiness? In vain
will you humbly shelter man.
Return to the faith of your labour, to your same old
master, to the soil in Osma.
And what about that very clear irrigation
early in the morning, the most beneficial?
I thought it was still the summer
because of my wanderings, and here I am
looking for shelter. But you, who are going to grant it
to me for today and very soon for ever,
adobe with the heavens above, safe
from maturation and the parching airs,
what sun dried you up, what hands
like these of mine made you so very fecund,
with how many dreams of ours were you mixed with straw?
Better the salt, better any hail
than seeing you like this: turned into scaffolding
of my hope! But come, all of you.
It'll soon be dark. Stay out in the open
with me! Don't touch it yet! Some day,
furrow at feet, bit by bit,
we'll open a big window in you
to see the crops, the same as when
you were only arable land and then
you burst towards the sun under the plough.

At the Hearth's Fire

Don't put your hands by the fire yet.
It's starting to be cool now, and mine

están solas; y qué importa, si luego
vais a venir, que se me queden frías.
Entonces qué rescoldo, qué alto leño,
cuánto humo subirá, como si el sueño,
toda la vida se prendiera. ¡Rama
que no dura, sarmiento que un instante
es un pajar y se consume, nunca,
nunca arderá bastante
la lumbre, aunque se haga con estrellas!
Éste al menos es fuego
de cepa y me calienta todo el día.
Manos queridas, manos que ahora llego
casi a tocar, aquélla, la más mía,
¡pensar que es pronto y el hogar crepita,
y está ya al rojo vivo,
y es fragua eterna, y funde, y resucita
aquel tizón, aquel del que recibo
todo el calor ahora,
el de la infancia! Igual que el aire en torno
de la llama también es llama, en torno
de aquellas ascuas humo fui. La hora
del refranero blanco, de la vieja
cuenta, del gran jornal siempre seguro.
¡Decidme que no es tarde! Afuera deja
su ventisca el invierno y está oscuro.
Hoy o ya nunca más. Lo sé. Creía
poder estar aún con vosotros, pero
vedme, frías las manos todavía
esta noche de enero
junto al hogar de siempre. Cuánto humo
sube. Cuánto calor habré perdido.
Dejadme ver en lo que se convierte,
olerlo al menos, ver dónde ha llegado
antes de que despierte,
antes de que el hogar esté apagado.

are alone; and what does it matter, if you'll
come later, that they're getting cold.
Then what ember, what tall log,
how much smoke will rise, as if dream,
the whole of life was in flames. Unenduring
branch, vine shoot that for a moment
is a hayloft and is burned down, never,
never will the fire burn
enough, even if it's made of stars!
This here at least is a fire
from vine stock and warms me all day long.
Beloved hands, hands that now I almost
reach out and touch, that one, my very own,
to think it's still early and the hearth's crackling,
and it's already red hot,
and it's an eternal forge, and it smelts, and it revives
that half-burnt stick, that one I'm getting
all the heat from now,
that of childhood! As the air around
the flame is also flame, around
those embers I was smoke. The time
for the white proverbs, for the old
counting, for the great wages, always sure.
Tell me it isn't late! Outside the winter
is leaving its blizzard and it is dark.
Today or never again. I know. I thought
I could still be with you, but
look at me, my hands are still cold
in this January night
by the same old hearth. How much smoke
is rising. How much heat I must have lost.
Let me see what it all turns into,
at least let me smell it, see where it got to
before it awakens,
before the hearth goes out.

Dando una vuelta por mi calle

Basta, pies callejeros,
no estáis pisando mosto, andad, en marcha.
¿Qué hacéis por esta calle,
aquí, en la calle de mis correrías?
Más os valiera andar por otros barrios.
Siempre tan mal guiados,
cómo no ibais a caer. Es trampa,
trampa. ¿Qué cepo es éste?
¿Quién lo amañó tan bien que no hace falta
pieza y hoy por la tarde
tanto esta acera como aquel balcón me cazan?
Se abrió la veda para siempre, y siempre,
tras de tres vuelos, la perdiz a tierra.
¡Calle mayor de mi esperanza, suenen
en ti los pasos de mi vida, abre
tu palomar y salgan,
salgan al aire libre,
juegue con ellos todo el mundo al corro,
canten sin ton ni son, canten y bailen
de tejados arriba! Ved, ved cómo
aquel portal es el tonel sin fondo
donde fermenta mi niñez, y el otro,
siempre lleno de niñas, mi granero
de juventud, y el otro, el otro, el otro . . .
¡Alcalde óigame, alcalde,
que no la asfalten nunca, que no dejen
pisar por ella más que a los de tierra
de bien sentado pan y vino moro!
Perdón, que por la calle va quien quiere
y yo no debo hablar así. Qué multa
me pondrían ahora, a mí el primero,
si me vieran lo cojo,
lo maleante que ando desde entonces.
Alto, alto mis pasos.
Yo que esperaba darme hoy un buen día.

Taking a Walk Down My Street

Enough, straying feet,
you're not treading grape juice, get going, march.
What are you doing around this street,
here, in the street of my adventures?
You had better walk through other neighbourhoods.
Always so badly guided,
how weren't you going to fall. It's a trap,
a trap. What snare is this one?
Who set it so well that a kill is not in
need and today in the afternoon
both this pavement and that balcony will hunt me?
The season opened for ever, and always,
after three flights, the partridge gone to ground.
Main street of my hope, let there sound
in you the steps of my life, open
your pigeon loft and let them loose,
let them loose in the open air,
let everyone play ring-a-ring-a-roses with them,
let them sing without rhyme or reason, sing and dance
up aloft! See, see how
that doorway is the bottomless cask
where my childhood ferments, and the other one,
always full of girls, my barn
of youth, and the other, the other, other . . .
Mr Mayor, listen Mr Mayor,
don't ever let anyone asphalt it, don't let
anyone tread on it but those from the land
of well-baked bread and dark wine!
I'm sorry, for whoever wants to can go down the street
and I shouldn't talk like that. What fine
would they give me now, me first,
if they were to see how lame,
how vagrantly I have walked since then.
Halt, halt steps of mine.
I was expecting to have a good day today.

Calle cerca del río y de la plaza,
calle en el tiempo, no, no puedo irme,
nunca me iré de aquí: fue muy certero
el tiro.
Entonces estos años
qué mal cosido ajuar para la casa,
qué arras sin brillo para la gran boda.
Cada piedra me sea como un ascua.
Los que estáis ahí, al sol, echadme, echadme.
Ya volveré yo cuando
se me acompase el corazón con estos
pasos a los que invoco,
a los que estoy oyendo hoy por la tarde
sonar en esta acera,
en este callejón que da a la vida.

Primeros fríos

¿Quién nos calentará la vida ahora
si se nos quedó corto
el abrigo de invierno?
¿Quién nos dará para comprar castañas?
Allí sale humo, corazón, no a todos
se les mojó la leña.
Y hay que arrimar el alma,
hay que ir allí con pie casero y llano
porque hoy va a helar, ya hiela.
Amaneció sereno y claro el día.
¡Todas a mí mis plazas, mis campanas,
mis golondrinas! ¡Toda a mí mi infancia
antes de que esté lejos! Ya es la hora,
jamás desde hoy podré estar a cubierto.
¡Dadme el aliento hermoso,
alzad las faldas y escarbad el cisco,
la vida, en la camilla en paz, en esta

Street near the river and the square,
street in time, no, I can't leave,
I'll never leave here: the shot was
very accurate.
Then these years
what a badly sewn trousseau for the house,
what shineless thirteen coins for the great wedding.
Let every stone be like a live coal.
You who are there, in the sun, throw me out, throw me out.
I will return then when
my heart keeps in time with these
steps that I invoke,
that I'm hearing today in the afternoon
sound on this pavement,
in this alley that leads to life.

First Colds

Who will heat up our life now
if the winter coat
isn't long enough anymore?
Who will give us money to buy roast chestnuts?
There's smoke coming out over there, my heart, not
everyone's firewood got wet.
And we have to muck in our soul,
we have to go there with a homely and natural foot
because there'll be frost tonight, it's already frosting.
The day broke clear and fine.
All of you come to me, my bells,
my swallows! All to me, my childhood,
before it's too far off! Now's the time,
from this moment I'll never be undercover again.
Give me the beautiful breath,
raise the tablecloth and rake the slack,
life, in the peaceful round table, in this

camilla madre de la tierra! Pero,
¿a qué esperamos? ¡Pronto,
como en el juego aquel del soplavivo,
corra la brasa, corra
de mano en mano el fiel calor del hombre!
El que se queme perderá. Yo pierdo.

Así ha pasado el tiempo
y el invierno se me ha ido echando encima.
Hoy sólo espero ya estar en la casa
de la que sale el humo,
lejos de la ciudad, allí, adelante . . .
Y ahora que cae el día
y en su zaguán oscuro se abre paso
el blanco pordiosero de la niebla,
adiós, adiós. Yo siempre
busqué vuestro calor. ¡Raza nocturna,
sombrío pueblo de perenne invierno!
¿Dónde está el corazón, dónde la lumbre
que yo esperaba? Cruzaré estas calles
y adiós, adiós. ¡Pero si yo la he visto,
si he sentido en mi vida
vuestra llama!
¡Si he visto arder en el hogar la piña
de oro!
Sólo era vuestro frío. ¡Y quiero, quiero
irme allí! Pero ahora
ya para qué. Cuando iba a calentarme
ha amanecido.

Alto jornal

Dichoso el que un buen día sale humilde
y se va por la calle, como tantos
días más de su vida, y no lo espera

round table, mother of earth! But,
what are we waiting for? Quick,
as in that game of blow-it's-red-hot,
let the ember move about, let it pass
from hand to hand, man's faithful heat!
Whoever gets burnt will lose. I lose.

So time has passed
and winter has slowly descended on me.
Today I only expect to be in that house
from which smoke is rising,
faraway from town, over there, further on . . .
And now that it's dusk
and the white beggar of fog
is making his way in his dark hall,
goodbye, goodbye. I always
looked for your heat. Night breed,
gloomy people of persistent winter!
Where's the heart, where's the fire
I was expecting? I'll cross these streets
and good-bye, good-bye. But I've seen it,
I've felt your flame
in my life!
I've seen the golden pine-cone burning
in my hearth!
It was just your cold. And I want, I want
to go there! But now,
for what. When I was about to get warm
dawn broke.

A High Wage

Happy the man who one fine day humbly goes out
and walks down the street, like so many
other days of his life, and he doesn't expect it

y, de pronto, ¿qué es esto?, mira a lo alto
y ve, pone el oído al mundo y oye,
anda, y siente subirle entre los pasos
el amor de la tierra, y sigue, y abre
su taller verdadero, y en sus manos
brilla limpio su oficio, y nos lo entrega
de corazón porque ama, y va al trabajo
temblando como un niño que comulga
mas sin caber en el pellejo, y cuando
se ha dado cuenta al fin de lo sencillo
que ha sido todo, ya el jornal ganado,
vuelve a su casa alegre y siente que alguien
empuña su aldabón, y no es en vano.

Lluvia de verano

Baja así, agua del cielo,
baja a vivir tu vida de la tierra
y a unirte al hombre, a su salud, al suelo
y al trabajo del campo. ¡Haber sentido
la pureza del mundo para ahora
contribuir a esta sazón, al ruido
de estos pies! ¿Por qué siempre llega la hora
del riego? Aunque sea en el verano
y aquí, llega tan fuerte
que no calma, no nubla al sol, da al llano
otra sequía más alta aún. Qué muerte
por demasía, pasajera
nube que iba a salvar lo que ahora arrasa.
Cala, cálanos más. ¡Lo que era
polvo suba en el agua que se amasa
con la tierra, que es tierra ya y castigo
puro de lo alto! Y qué importa que impida
la trilla o queme el trigo
si nos hizo creer que era la vida.

and, suddenly what is this? He looks up
and he sees, puts his ear to the world and hears,
walks, and feels rising between his steps
the love of the earth, and he goes on, and opens
his true workshop, and in his hands
his craft shines clean, and he passes it on to us
heartily because he loves, and he goes to work
trembling like a child taking Communion
but really feeling satisfied, and when
he has finally realised the simple thing
it has all been, his daily wage now earned,
he returns home happy and he feels that someone
grasps the knocker of his door, and it's not in vain.

Summer Rain

Come down like this, heavenly water,
come down to live your earthly life
and to join man, his health, the soil
and the farm work. To have felt
the purity of the world to contribute
now to this season, to the noise
of these feet! Why does the hour of watering
always arrive? Although it may be summer
and here, it arrives so strongly
that it doesn't calm, it doesn't cloud the sun, it gives the plain
another even higher drought. What death
through excess, passing
cloud that was going to save what it now razes.
Soak, soak us more. Let what was
dust rise in the water that is amassed
with earth, that is earth now and pure
punishment from on high! And what does it matter if it impedes
the threshing or burns the wheat
if it made us believe that it was life.

Libro tercero

El cerro de Montamarta dice

Un día habrá en que llegue hasta la nube.
¡Levantadme, mañanas, o quemadme! ¿Qué puesta
de sol traerá la luz que aún no me sube
ni me impulsa? ¿Qué noche alzará en esta
ciega llanura mía la tierra hasta los cielos?
Todo el aire me ama
y se abre en torno mío, y no reposa. Helos
ahí a los hombres, he aquí su pie que inflama
mi ladera buscando más altura,
más cumbre ya sin tierra, con solo espacio. Tantos
soles abrí a sus ojos, tantos meses, en pura
rotación acerqué a sus cuerpos, tantos
días fui su horizonte. Aún les queda en el alma
mi labor, como a mí su clara muerte.

Y ahora la tarde pierde luz y hay calma
nocturna. ¡Que despierte
por última vez todo a la redonda
y venga a mí, y se dé cuenta de la honda
fuerza de amor de mi árido relieve,
del ansia que alguien puso en mi ladera!
Ved que hay montes con nieve,
con arroyos, con pinos, con flor en primavera.
Ved que yo estoy desnudo, siendo sólo un inmenso
volcán hacia los aires. Y es mi altura tan poca.
¡Un arado, un arado tan intenso
que pueda hacer fructífera mi roca,
que me remueva mi grano
y os lo dé, y comprendáis así mi vida!

Porque no estaré aquí sino un momento. En vano
soy todas las montañas del mundo. En vano, ida
la noche volverá otra vez la aurora

Third Book

The Hill of Montamarta Says

A day will come when I'll reach the cloud.
Raise me up, mornings, or burn me up! What sunset
will bring the light that doesn't raise me
nor yet impels me? What night in this
blind plain of mine will lift the earth to the heavens?
All the air loves me
and opens up around me, and doesn't rest. Here
are men, here it is their foot that inflames
my hillside seeking more height,
more peak with no ground, only with space. So many
suns I opened to their eyes, so many months, in pure
rotation I brought closer to their bodies, so many
days I was their horizon. There still remains in their souls
my labour, like their clear deaths in me.

And now the afternoon is losing light and there is the stillness
of the night. Let everything around
awaken for the last time
and come to me, and notice the deep
power of love of my arid relief,
of the anxiety that someone put on my slope!
See that there are mountains with snow,
with streams, with pines, with flowers in spring.
See that I am naked, being only an immense
volcano toward the air. And my height is so little.
A plough, a plough so intense
that it can make my rock fruitful,
that it can stir up my grain
and give it to you, so you understand my life!

For I will not be here but a moment. In vain
I am all the mountains of the world. In vain, night
gone, dawn will return again

y el color gris, y el cárdeno. Ya cuando
lo mismo que una ola esté avanzando
hacia el mar de los cielos, hacia ti, hombre, que ahora
me contemplas, no lo sabréis. No habrá ya quien me vea,
quien pueda recorrerme con los pies encumbrados,
quien purifique en mi amor y tarea
como yo purifico el olor de los sembrados.

A la nube aquella

Si llegase a la nube pasajera
la tensión de mis ojos, ¿cómo iría
su resplandor dejándome en la tierra?
¿Cómo me dejaría oscurecido
si es clara su labor, y su materia
es casi luz, está al menos en lo alto?
¡Arrancad esa límpida osamenta
dejando ver un corazón aéreo,
fuerte con su latido de tormenta!
Qué vida y muerte fulminantes. ¡Sea
también así en mi cuerpo! ¡A puro asalto
cobrádmelo, haced de él vuestra faena!
Si se acercase a mí, si me inundara
la vida con su vida tan intensa.
No lo resistiría. Pero, ¿acaso
alguien es digno de ello? ¿No se esfuerza
la nube por morir en tanto espacio
para incendiarlo de una vez? Entrega,
palabra pura de los cielos, himno:
suena como la voz del hombre, suena
y pasa, pasa así, dinos tu viva
verdad en esta clara hora terrena,
en esta oscura vida que huye y pasa
y nunca en ello podrá ver la inmensa,
sola alegría de aquí abajo, nube,
alma quizá en que un cuerpo se serena.

and the colour grey, and purple. Then when
like a wave I will advance
toward the sea of the skies, toward you, man, who now
contemplate me, you will not know it. There will be no one to see me,
who could walk all over me with their lofty feet,
who will be purified in my love and labour
as I purify the aroma of the crops.

To That Cloud

If the tension in my eyes
could reach that passing cloud, how
would its gleam leave me on the earth?
How would it leave me darkened
if its work is clear, and its matter
is almost light, it is at least high above?
Pull out that limpid skeleton
revealing an airy heart,
strong with its storm-like beating!
What fulminating life and death. Let it be
thus in my body as well! In full assault
claim it from me, make of it your labour!
If it were to approach me, to flood my
life with its life so intense.
I wouldn't resist. But, by any chance
could anyone be worthy of it? Does not the cloud
strive to die in so much space
in order to burn it all up at once? Devotion,
pure word of the heavens, hymn:
it sounds like the voice of man, it sounds
and passes, passes so, tell us your living
truth in this clear earthly hour,
in this dark life that flees and passes
and never in it will be able to see the immense,
sole happiness of here below, cloud,
perhaps soul in which a body grows calm.

¿Y dónde están las nubes de otros días,
en qué cielo inmortal de primavera?
El blanco espacio en que estuvieron, ¿siente
aún su compañía y va con ella
creando un nuevo resplandor, lo mismo
que a media noche en la llanura queda
todo el impulso de la amanecida?
Lejos de donde el hombre se ha vendido,
aquel granero, ¿para qué cosecha?
Oh, nube que huye y cambia a cada instante
como si un pueblo altísimo de abejas
fuera allí trabajando a fuego limpio.
Nube que nace sin dolor, tan cerca.
¡Y vivir en el sitio más hermoso
para esto, para caer a tierra
o desaparecer! No importa cómo
pero ahora, la nube aquella, aquella
que es nuestra y está allí, si no habitarla,
ya, quién pudiera al menos retenerla.

And where are the clouds of other days,
in what immortal spring sky?
The blank space in which they were, does it still
feel its company and goes along with it
creating a new gleam, just like
at midnight in the plain there remains
the whole impulse of dawn?
Far from where man has sold out,
that barn, for which harvest?
Oh, cloud that flees and changes all the time
as if a very high village of bees
were there working hard with fire.
Cloud that is born without pains, so near.
And to live in the most beautiful place
for this, to fall onto earth
or disappear! It doesn't matter how
but now, that cloud, that one
that is ours and is there, if not inhabiting it,
now, who could at least retain it.

Libro cuarto

Visión a la hora de la siesta

¡Si ésa es mi hermana y cose cuarto adentro
tan tranquila y, de pronto,
¡quitadla!, le da el sol y un simple rayo
la enhebra, y en él queda bien zurcida,
puntada blanca de la luz del mundo!
Y, ¡cerrad las ventanas!, ese rayo,
eterna levadura, se nos echa
encima, y nos fermenta, y en él cuaja
nuestro amasado corazón y, como
la insurrección de un pueblo,
se extiende, avanza, cubre
toda la tierra ya, teje y desteje
la estopa hostil del hombre y allí, a una,
en el mesón del tiempo, siempre caro,
allí, a la puerta, en el telar hermoso,
vamos tejiendo, urdiendo
la camisa de Dios, el limpio sayo
de la vida y la muerte. Pero, ¿ahora,
qué pasa?: cuando estaba
viendo colgar del cielo
la bandera inmortal, como en los días
de fiesta en mi ciudad cuelga la enseña
roja y gualda, oídme, cuando
veía ese inmenso lienzo en el que cada
ligera trama es una vida entera
ocupar el espacio,
he aquí que un aliento, un tenue oreo,
después una voz clara
se alza, y con tal temple,
con tal metal esa voz suena ahora
que hilo a hilo cantando se descose
una vida, otra, otra,

Fourth Book

Vision at Siesta Time

Isn't that my sister? And she's sewing at the back of the room
so calm and, suddenly,
take her away! The sun hits her and one single ray
threads her, and in it she is well darned,
white stitch of the light of the world!
And, shut the windows! That ray,
eternal yeast, is coming right
at us, and it ferments us, and in it congeals
our kneaded heart and, just like
a people's insurrection,
it spreads, advances, covers
all the earth now, it weaves and unweaves
the hostile tow of man and there, as one,
in the inn of time, always expensive,
there, at the door, in the beautiful loom,
we are weaving, warping
God's shirt, the clean smock
of life and death. But, now,
what happens?: when I was
looking at the immortal flag
hanging from the sky, as on festival days
in my town the red and golden-yellow
flag hangs, listen to me, when
I saw that immense canvas in which each
light thread is an entire life
occupying space,
then there was a breath, a faint airing,
later on a clear voice
arising, and with such mettle,
with such metal that voice sounds now
that thread by thread singing a life
unstitches, then another, and another,

de aquel gran sayo, y se oye como un himno,
escuchad, y de pronto . . .

De pronto estoy despierto y es de día.

Incidente en los Jerónimos

¡Que ahora va de verdad, que va mi vida
en ello! Si otros días
oísteis mi chillo en torno de este templo,
olvidadlo. ¡Que ahora
no veréis a este grajo
picar el huevo ni saquear el nido!
Ya nunca merendero,
nunca buscando el hato,
las albardas del hombre,
porque nada hubo allí sino ruin salsa.
Oídme, el soto, el aire,
malva, cardillo, salvia, mijo, orégano,
tú, mi pareja en celo,
todos, oídme: aquello no fue nunca
mi vida. Mala huelga.
Y hoy, ¿qué cera inmortal bruñe mi pico?
Mi aéreo corazón, ¿dónde aldabea
con su sangre, en qué alto
portalón de los cielos para que abra
el menestral del buen amor su casa
y me diga que allí, allí está lo mío?
Ahí, dentro del templo
con el sol del membrillo, el de septiembre.
¡Ya no lo pienso más! Adiós. Ya pronto . . .
Entro por el ventano
y qué bien va mi vuelo por la bóveda
de la niñez, airoso
como sobre la plaza a media tarde.

from that great smock, and something like a hymn can be heard,
listen, and suddenly . . .

Suddenly I'm awake and it's daytime.

Incident at the Jerónimos

But it's serious now, my life depends
on it! If other days
you heard my screech around this temple,
forget it. Now
you won't see this rook
pecking at the egg or looting the nest!
Never again an afternoon meal,
never looking for the flock,
man's packsaddle,
because there was nothing there but vile sauce.
Listen to me, thicket, air,
mallows, golden thistle, sage, millet, oregano,
you, my mate in heat,
everyone, listen to me: that was never
my life. A bad time-off.
And today, what immortal wax polishes my beak?
My aerial heart, on what door is it knocking
with its blood, on what tall
and large door of the heavens so that the artisan
of good love opens his house
and tells me, there, my doings are there?
Over there, inside the temple
with the sun of the quince, the one September quince.
I don't think about it any more! Good-bye. Now soon . . .
I enter through the small window
and how well my flight goes across the vault
of childhood, graceful
as over the town square early in the evening.

¡Que esto perdure! ¡Prometo
pasar tan limpio como golondrina
cuando bebe! ¡Prometo
no tocar nada, pero que esto dure!
No durará. Dejadme
donde ahora estoy, en el crucero hermoso
de juventud. Y veo
la crestería en luz de la esperanza
arriba, arriba siempre.
Paso el arco fajón, faja de fiesta,
y el floral capitel. ¡Que siga, siga
el baile! ¡Más, doncellas, primavera,
alma del hombre! Y tú, ve de jarana,
viento de tantos años.
Deja caer este día como un fruto
de libertad. Recuerda
nuestras andanzas de oro,
tú recuerda, recuerda
la fugaz alegría
de los hombres, su fiesta
tan pobre en días y tan rica en tiempo.
Pero, ¿qué pasa ahí? ¿Es que el sol se ha puesto
y entra el alón tendido de las sombras?
¡Águilas, dadme, águilas,
el retráctil poder de vuestra garra
para afincarme bien en la moldura,
en el relieve del amor que sube
por el cimborrio al cielo! Algo me queda,
algo de vino fiel y verbeneo.
Pero, ¿aquí qué ha pasado? ¿Dónde anda
mi vida, dónde anda
mi pueblo? ¡Monaguillo,
tú, el hostiero mayor, que ya me empiezan
a flaquear el ala y la pechuga!
¿Y esa talla, ese estuco, ese retablo
de la vejez? ¡Que empieza
ya el sofoco, que el buche

Let this last! I promise
to pass by as clean as a swallow
when it's drinking! I promise
not to touch anything, but let this last!
It won't last. Leave me
where I am now, at the beautiful crossroads
of youth. And I see
the illuminated cresting of hope
up there, always up there.
I pass the fascia, festive cummerbund,
and the floral capital. Let the dance go on,
let it go on! More, maidens, spring,
man's soul! And you, go out on the town,
wind of so many years.
Let this day fall like a fruit
of freedom. Remember
our golden adventures,
remember, remember
the fleeting happiness
of men, their festival
so poor in days and so rich in time.
But, what's going on over there? Has perhaps the sun set
and the extended wing of the shadows is entering?
Eagles, give me, eagles,
the retractile strength of your claw
so I can settle well on the moulding,
on the relief of love that climbs
the cupola up to the heavens! I have some left,
some faithful wine and celebration.
But, what has happened here? Where did
my life go, where did
my people go? Altar boy,
you, the main host maker, as my wing and breast
are starting to flag!
And what with that carving, that stucco, that altarpiece
of old age? But the breathlessness
is already starting, but my crop

lo llevo mal cumplido como en tiempo
de muda, que ya apenas
si me bulle el plumón! ¿Quién me ha metido
en el cañón de cada pluma la áspera
médula gris del desaliento? Eh, niños,
feligreses, vosotros,
los que venís a esta parroquia, guiadme.
Estoy cerca, ¿verdad?, que ya no puedo.
Qué marejada, qué borrasca inmensa
bate mi quilla, quiebra mi plumaje
timonero. Este grajo,
este navío hace agua. Volver quiero,
volver quiero a volar con mi pareja.
Sí, festiva asamblea de las tardes,
ah, compañeros, ¿dónde,
dónde estáis que no os oigo?
No importa. Llegaré. Desde la cúpula
veré mejor. Y ahora,
vereda va y vereda viene, ¿en qué aire,
por qué camino voy? ¡Que ya no puedo
ni ver siquiera, que zozobro y choco
contra la piedra, contra
los muros de este templo, de esta patria!
¡Niños, venid, atadme,
prefiero que me atéis los pies con vuestro
cordel azul de la pureza! Quieto,
quisiera estar en paz por un momento.
Llegaré. Llegaré. Ahí está mi vida,
ahí está el altar, ahí brilla mi pueblo.
Un poco más. Ya casi . . .
Tú, buen aliento, sigue
un poco más, alicas,
corazón, sólo un poco . . .
Así, así . . . Ya, ya . . . ¡Qué mala suerte!
¡Ya por tan poco! Un grajo aquí, ya en tierra.

is quite small as during the moulting
season, but hardly
my down feathers are stirring up! Who has put
the rough and grey marrow of dismay
in each of my pin feathers? Hey, kids,
parishioners, you,
you who come to this church, guide me.
I'm nearby, isn't it so? For I'm ready to drop.
What swell, what immense thunderstorm
beats against my keel, breaks my steering
plumage. This rook,
this ship is leaking. I want to come back,
I want to fly again with my partner.
Yes, festive afternoon assembly,
ah, comrades, where,
where are you now? I can't hear you.
It doesn't matter. I'll arrive. From the dome
I'll see better. And now,
a path here and a path there, through what air,
through what track am I going? But I can't even
see any more, but I founder and crash
against the rock, against
the walls of this temple, of this fatherland!
Children, come, tie me up,
I'd rather you tie my feet with your
blue cord of purity! Keep still,
I'd like to be at ease for a while.
I'll arrive. I'll arrive. My life's there,
the altar is there, my village is shining there.
A bit more. Almost there . . .
You, good breath, carry on
a bit more, little wings,
heart, just a little . . .
Like that, like that . . . Almost, almost . . . How unlucky!
So very nearly! A rook here, already down on the ground.

La contrata de mozos

¿Qué estáis haciendo aquí? ¿Qué hacemos todos
en medio de la plaza y a estas horas?
Con tanto sol, ¿quién va a salir de casa
sólo por ver qué tal está la compra,
por ver si tiene buena cara el fruto
de nuestra vida, si no son las sobras
de nuestros años lo que le vendemos?
¡A cerrar ya! ¡Vámonos pronto a otra
feria donde haya buen mercado, donde
regatee la gente, y sise, y coja
con sus manos nuestra uva, y nos la tiente
a ver si es que está pasa! ¿A qué otra cosa
hemos venido aquí sino a vendernos?
Y hoy se fía, venid, que hoy no se cobra.
Es tan sencillo, da tanta alegría
ponerse al sol una mañana hermosa,
pregonar nuestro precio y todo cuanto
tenemos de hombres darlo a la redonda.
Hemos venido así a esta plaza siempre,
con la esperanza del que ofrece su obra,
su juventud al aire. ¿Y sólo el aire
ha de ser nuestro cliente? ¿Sin parroquia
ha de seguir el que es alquiladizo,
el que viene a pagar su renta? Próspera
fue en otro tiempo nuestra mercancía,
cuando la tierra nos la compró toda.
Entonces, lejos de esta plaza, entonces,
en el mercado de la luz. Ved ahora
en qué paró aquel género. Contrata,
lonja servil, teatro de deshonra.
Junto a las duras piedras de rastrillo,
junto a la hoz y la criba, el bieldo y la horca,
ved aquí al hombre, ved aquí al apero
del tiempo. Junto al ajo y la cebolla,
ved la mocil cosecha de la vida.

The Contract of Young Men

What are you doing here? What are we all doing
in the middle of the marketplace at this time of the day?
With this blazing sun, who would come out of their houses
just to see how the shopping looks,
to check if the fruit of our life
looks good, if it isn't the leftovers
of our years we are selling?
Let's close now! Let's go quickly to another
fair where there is a good market, where
people bargain, and pilfer, and grasp
our grape with their hands, and feel it
to see if it's overripe! For what other reason
have we come here but to sell ourselves?
And there is credit today, come, for today we aren't charging at all.
It's so simple, it gives so much pleasure
to get under the sun on a beautiful morning,
to proclaim our price and give around
everything that is manly about us .
We have always come thus to this square,
with the hope of one who offers his work,
his youth to the air. And only the air
is going to be our customer? Without a parish
will the one who is for hire continue,
he who comes to pay his rent? Prosperous
was our merchandise in another time,
when the land bought everything from us.
Then, far from this market place, then,
in the market of light. See now
how those goods ended up. Contract,
servile exchange, theatre of dishonour.
By the hard stones of the rake,
by the sickle and the sieve, the winnowing rake and the pitchfork,
see here man, see here the tool
of time. By the garlic and the onion,
see the young harvest of life.

Ved aquí al mocerío. A ver, ¿quién compra
este de pocos años, de la tierra
del pan, de buen riñón, de mano sobria
para la siega; este otro, de la tierra
del vino, algo coplero, de tan corta
talla y tan fuerte brazo, el que más rinde
en el trajín del acarreo? ¡Cosa
regalada!

       Y no viene nadie, y pronto
el sol de junio irá de puesta. Próspera
fue en otro tiempo nuestra mercancía.
Pero esperad, no recordéis ahora.
¡Nuestra feria está aquí! Si hoy no, mañana;
si no mañana, un día. Lo que importa
es que vendrán, vendrán de todas partes,
de mil pueblos del mundo, de remotas
patrias vendrán los grandes compradores,
los del limpio almacén. ¡Nadie recoja
su corazón aún! Ya sé que es tarde
pero vendrán, vendrán. ¡Tened la boca
lista para el pregón, tened la vida
presta para el primero que la coja!
Ya sé que hoy es igual que el primer día
y así han pasado una mañana y otra
pero nuestra uva no se ablanda, siempre,
siempre está en su sazón, nunca está pocha.
Tened calma, los oigo. Ahí, ahí vienen.

Y así seguimos mientras cae la tarde,
mientras sobre la plaza caen las sombras.

See here the young people. Let's see, who will buy
this one of few years, of the land
of bread, of good kidneys, of sober hand
for reaping; this other one, from the land
of wine, somewhat of a whinger, of such sort
height and so strong an arm, the most productive one
in the hustle and bustle of carting? Dirt-
cheap!

      And no one is coming, and soon
the June sun will have set. Prosperous
was our merchandise in another time.
But wait, don't remember now.
Our fair is here! If not today, then tomorrow;
if not tomorrow, then some day. What matters
is that they will come, they will come from everywhere
from a thousand towns around the world, from remote
lands the great buyers will come,
those of clean warehouse. Let no one
take their hearts down! I know it's late
but they'll come, they'll come. Have your mouth
ready for the proclamation, have your life
prepared for the first one to get it!
I know that today is the same as the first day
and thus one morning and another have passed
but out grape does not soften, always,
it is always in its prime, it's never overripe.
Keep calm, I hear them. There, there they come.

And thus we continue while the afternoon falls,
while over the marketplace the shadows fall.

Siempre será mi amigo

Siempre será mi amigo no aquel que en primavera
sale al campo y se olvida entre el azul festejo
de los hombres que ama, y no ve el cuero viejo
tras el nuevo pelaje, sino tú, verdadera

amistad, peatón celeste, tú, que en el invierno
a las claras del alba dejas tu casa y te echas
a andar, y en nuestro frío hallas abrigo eterno
y en nuestra honda sequía la voz de las cosechas.

Un ramo por el río

¡Que nadie hable de muerte en este pueblo!
¡Fuera del barrio del ciprés hoy día
en que los niños van a echar el ramo,
a echar la muerte al río!
Salid de casa: vámonos a verla!
¡Ved que allá va, miradla, ved que es cosa
de niños! Tanto miedo
para esto. Tirad, tiradle piedras
que allá va, que allá va. Sí, lo que importa
es que esté lejos. ¿Recordáis ahora
cómo la flota eterna
de las estrellas sobre el agua
boga todas las noches, alta armada
invencible? ¡Ese ramo
a flor de agua también, a flor de vida!
¡Nadie se quede en casa hoy! ¡Al río,
que allá va el ramo, allá se va la muerte
más florida que nunca!

. . . Ya no se ve, Dios sabe
si volverá, pero este año
será de primavera en nuestro pueblo.

He Will Always Be My Friend

He will always be my friend not the one who in spring
goes out to the country and abandons himself among the blue fiesta
of the men he loves, and does not see the old leather
beneath the new fur, but you, true

friendship, heavenly pedestrian, you, who in winter
at the break of dawn leave your house and set
out walking, and in our cold you find eternal shelter
and in our deep drought the voice of harvests.

A Bunch of Flowers Through the River

Let no one speak of death in this village!
Out of the neighbourhood of the cypress today, the day
on which children are going to toss the bunch of flowers,
to toss death into the river!
Come out of your houses: let's go see it!
See how it's going there, look at it, see that it is a children's
game! So much fear
just for this. Throw, throw stones at it
for it's going there, it's going there. Yes, what matters
is that it be far away. Do you remember now
how the eternal fleet
of the stars on the water
rows every night, lofty invincible
armada? That bunch of flowers
also close to the water surface, close to the surface of life!
Let no one stay at home today! To the river,
for there goes the bunch of flowers, there goes death
more full of flowers than ever!

. . . You can't see it now, God knows
if it will return, but this year
will be spring-like in our village.

Caza mayor

Dura y sin hoyo está mi cama ahora.
¿Quién ha dormido aquí, madre, quién la hizo
tan mal todo este tiempo? ¡Venga, venga
lo mío! ¡Madre, a ver qué desbandada
es ésta! Ahí, van, tú dices,
todos los sueños, ahí van las palomas.
¡Al ojeo, al ojeo! Las conozco:
ésa es de corto vuelo, aquella otra
nuevica es, la otra pedigüeña,
algo cegata la del alba malva,
la de cargado buche, tan sencilla.
Nunca creí tan simple
verlas hoy aquí en tierra, aquí a mi lado.
¡Pero que se me van! ¡Cerrad las puertas,
cerrad esa ventana que mi vida
se va! Madre, ¿quién hizo
tan mal mi cama, con tal revoltijo?
¡No! ¡Esos vencejos, esos
sueños de juventud que van y vienen,
que me aletean en la cara! ¡Quietos,
quietos! ¡Estad como ése,
quietos en la pared, crucificados!
Ah, se me ponga siempre
el sol donde no me halle con vosotros.
¡Fuera, fuera! He venido
a descansar. La culpa
es tuya, madre, que no me velaste.
Mira cómo aquel niño
se arrebuja en su sueño
como en su manta, y llega
a madurar en él, y se hace grano
allí dentro, en la prieta vaina pura,
y apunta ya, y no sabe, y la cosecha . . .
Él qué sabía de esto,
qué sabía que el hombre

Big Game

My bed is hard and without a hole now.
Who's been sleeping here, mother, who made it
so badly all this time? Come on, give me
what's mine! Mother, what kind of a flying off
is this? There, they go, so you say,
all the dreams, there go the pigeons.
Let's beat, let's beat! I know them:
that one has a short flight, that other one
is very young, that other one is demanding,
the one of the mauve dawn is quite blind,
the one with a full crop, so simple.
I never thought it would be so easy
to see them today on the ground, right by my side.
But they're running away! Close the doors,
close that window, since my life
is fleeing! Mother, who made
my bed so badly, with such a jumble?
No! Those swifts, those
dreams of youth that come and go,
that flap their wings in my face! Keep still,
keep still! Stay just like him,
still on the wall, crucified!
Ah, may the sun always
set where I'm not with you.
Off, off! I've come here
for a rest. It's all your
fault, mother, since you didn't look after me.
See how that child
is wrapping himself up in his dream
as in his blanket, and manages
to mature in it, and becomes grain
in there, in the tight and pure pod,
and he appears now, and doesn't know, and the harvest . . .
What did he know about this,
he didn't know that man

ha de alumbrar sus sueños como el barbo
sus huevas, restregándose
contra la peña, contra lecho y lecho,
y éste es el mío. ¡Madre, di, decidme
que no iré más por ahí dando mi vida,
que dormiré aquí siempre! ¡Todos, todos
mis sueños a esta cama! Los conozco.
Qué cacería a campo abierto, a tiro
limpio. ¡Sus, sus, azuza,
corazón, que ahí está la pieza! ¡Olisca
vida mía, rastrea
esta sangre, esta cálida
música fiel del sueño!
¡Sea yo quien lo vea
entre las firmes patas de mis años!
¡Eh, fierecilla, liebre,
no temas nada, enséñame
a dormir con los ojos
abiertos! Yo quisiera,
madre, que este cantar fuera sencillo
como entonces lo fue. Muy lejos, lejos
de esta carnicería, de este pueblo
de halcones que ahora envisco
para vivir. Tú, madre, escucha, dime
que no se me ha volcado ningún sueño,
que mi cama está limpia.
Pero oídme, yo nunca
me olvidé de vosotros. ¡Todos juntos
entremos hoy, cacemos
en el primaveral coto florido
el buen soñar del hombre!
¡Vamos a esa ciudad! ¡Unos con otros,
nadie se quedará sin pieza, todos
los sueños, toda
nuestra vida cantando!
¡En el cepo cantando
la pieza hasta que se oiga

has to give birth to his dreams like the barbel
does with its roes, rubbing itself
against the rock, against bed and bed,
and this is my own. Mother, speak, tell me
that I won't go around giving my life away,
that I will sleep here for ever! All, all
my dreams to this bed! I know them.
What a hunting in the open country, shooting
all about. Come on, come on, shoo,
heart, the kill is there! Sniff around,
life of mine, track
this blood, this warm
and faithful music of dreams!
May I be him who sees them
between the firm legs of my years!
Hey, shrew, hare,
have no fear, teach me
to sleep with my eyes
open! I'd like,
mother, this song to be simple
like it used to be. Far away, far
from this carnage, from this village
of hawks that I'm now inciting
so I can live. You, mother, listen, tell me
that none of my dreams has been emptied out,
that my bed is clean.
But hear me now, I never
forgot about any of you. All together
let's enter today, let's hunt
in the spring flowery preserve,
the good dreaming of man!
Let's go to that town! All of us,
no one will find himself without a kill, all
the dreams, all
our life singing!
In the snare the kill
singing until one single song

un solo son, un solo sueño hermoso!
¡Vamos a esa ciudad, vámonos ahora!
Aquí no estoy. Madre, ésta no es mi cama.
¡Pero si es la de todos, si es la dura
pero con hoyo! Tierra. ¿Y quién la hizo
tan mal todo este tiempo, madre mía?

El baile de Águedas

Veo que no queréis bailar conmigo
y hacéis muy bien. Si hasta ahora
no hice más que pisaros, si hasta ahora
no moví al aire vuestro estos pies cojos.
Tú siempre tan bailón, corazón mío.
¡Métete en fiesta; pronto,
antes de que te quedes sin pareja!
¡Hoy no hay escuela!, ¡al río,
a lavarse primero,
que hay que estar limpios cuando llegue la hora!
Ya están ahí, ya vienen
por el raíl con sol de la esperanza
hombres de todo el mundo. Ya se ponen
a dar fe de su empleo de alegría.
¿Quién no esperó la fiesta?
¿Quién los días del año
no los pasó guardando bien la ropa
para el día de hoy? Y ya ha llegado.
Cuánto manteo, cuánta media blanca,
cuánto refajo de lanilla, cuánto
corto calzón. ¡Bien a lo vivo, como
esa moza se pone su pañuelo,
poned el alma así, bien a lo vivo!
Echo de menos ahora
aquellos tiempos en los que a sus fiestas
se unía el hombre como el suero al queso.

is heard, one single beautiful dream!
Let's go to that town, let's go now!
I'm not here. Mother, this is not my bed.
But it's everyone's, but it's the hard one
and with a hole! Earth. And who made it
so badly all this time, mother of mine?

Agathas' Dance

I see that you don't want to dance with me
and that's fine. If until now
I've done nothing but step on you, if until now
I didn't move these lame feet to your beat.
Always such a fine dancer, you, dear heart.
Get into the festival; quickly,
before you are left without a partner!
There's no school today! First of all,
a wash in the river,
as one must be clean when the time comes!
They're here already, they're already coming
by rail in the sunshine of hope,
men from all over the world. Now they are
testifying to their deployment of happiness.
Who didn't expect the festival?
Who didn't spend the days of the year
keeping their clothes in good order
for this day? And it has come now.
How many cloaks, how many white socks,
how many flannel petticoats, how many
short trousers! Full of life, just
as that girl wears her kerchief,
let your soul be so, full of life!
I miss those times now
when men joined in their festivals
like whey with cheese.

Entonces sí que daban
su vida al sol, su aliento al aire, entonces
sí que eran encarnados en la tierra.
Para qué recordar. Estoy en medio
de la fiesta y ya casi
cuaja la noche pronta de febrero.
Y aún sin bailar: yo solo.
¡Venid, bailad conmigo, que ya puedo
arrimar la cintura bien, que puedo
mover los pasos a vuestro aire hermoso!
¡Águedas, aguedicas,
decidles que me dejen
bailar con ellos, que yo soy del pueblo,
soy un vecino más, decid a todos
que he esperado este día
toda la vida! Oídlo.
Óyeme tú, que ahora
pasas al lado mío y un momento,
sin darte cuenta, miras a lo alto
y a tu corazón baja
el baile eterno de Águedas del mundo,
óyeme tú, que sabes
que se acaba la fiesta y no la puedes
guardar en casa como un limpio apero,
y se te va, y ya nunca...
tú, que pisas la tierra
y aprietas tu pareja, y bailas, bailas.

Pinar amanecido

Viajero, tú nunca
te olvidarás si pisas estas tierras
del pino.
Cuánta salud, cuánto aire
limpio nos da. ¿No sientes

Then, indeed, they gave
their life to the sun, their breath to the air, then
they were indeed incarnate in the earth.
But why remember. I am in the middle
of the festival and almost already
the early February night congeals.
And still not dancing: I'm all alone.
Come, dance with me, for I can hold
a waist well, I can match
my steps to your lovely air!
Agathas, little agathas,
tell them to let me
dance with them, that I'm from the village,
I'm a close neighbour, tell them all
that I've waited for this day
all my life! Listen.
Listen to me, you who are now
passing at my side and one moment
without noticing, you look up
and there goes down into your heart
the endless dance of the Agathas of the world,
listen to me, you who know
the festival is finishing and that you can't
keep it at home like a clean set of tools,
and it's moving off, and now never . . .
you, who tread the earth
and grasp your partner, and dance, dance.

Dawned Pine Grove

Traveller, you never
will forget if you tread these lands
of pines.
How much health, how much clean
air it gives us. Don't you feel

junto al pinar la cura,
el claro respirar del pulmón nuevo,
el fresco riego de la vida? Eso
es lo que importa. ¡Pino piñonero,
que llegue a la ciudad y sólo vea
la cercanía hermosa
del hombre! ¡Todos juntos,
pared contra pared, todos del brazo
por las calles
esperando las bodas
de corazón!
¡Que vea, vea el corro
de los niños, y oiga
la alegría!
¡Todos cogidos de la mano, todos
cogidos de la vida
en torno
de la humildad del hombre!
Es solidaridad. Ah, tú, paloma
madre: mete el buen pico,
mete el buen grano hermoso
hasta el buche a tus crías.
Y ahora, viajero,
al cantar por segunda vez el gallo,
ve al pinar y allí espérame.
Bajo este coro eterno
de las doncellas de la amanecida,
de los fiesteros mozos del sol cárdeno,
tronco a tronco, hombre a hombre,
pinar, ciudad, cantemos:
que el amor nos ha unido
pino por pino, casa
por casa.
Nunca digamos la verdad en esta
sagrada hora del día.
Pobre de aquel que mire
y vea claro, vea

the cure by the pine grove,
the clear breathing of the new lung,
the fresh watering of life? That
is what matters. Stone pine,
let me arrive into town so I only see
the beautiful closeness
of man! All together,
wall to wall, all arm in arm
through the streets
awaiting the weddings
wholeheartedly!
Let me see, see the children's
ring-a-ring-a-roses, and hear
the joy!
All holding hands, all
holding life
around
the humility of man!
It is solidarity. Ah, you, mother
pigeon: put your good beak in,
put the good beautiful grain
down into the crop of your nestlings.
And now, traveller,
at the cock's second crowing,
go to the pine grove and wait there for me.
Under this eternal chorus
of the maidens of dawn,
of the fun-loving young men of the purple sun,
trunk to trunk, man to man,
pine grove, town, let's sing:
since love has united us
pine by pine, house
by house.
Let's never tell the truth in this
sacred hour of the day.
Wretched is he who looks
and sees clearly, sees

entrar a saco en el pinar la inmensa
justicia de la luz, esté en el sitio
que a la ciudad ha puesto la audaz horda
de las estrellas, la implacable hueste
del espacio.
Pobre de aquel que vea
que lo que une es la defensa, el miedo.
¡Un paso al frente el que ose
mirar la faz de la pureza, alzarle
la infantil falda casta
a la alegría!
Qué sutil añagaza, ruin chanchullo,
bien adobado cebo
de la apariencia.
¿Dónde el amor, dónde el valor, sí, dónde
la compañía? Viajero,
sigue cantando la amistad dichosa
en el pinar amaneciente. Nunca
creas esto que he dicho:
canta y canta. Tú, nunca
digas por estas tierras
que hay poco amor y mucho miedo siempre.

storming into the pine grove the immense
justice of light, who is at the siege
that the brave horde of the stars
has laid to the city, the implacable host
of space.
Wretched is he who sees
that what unites is defence, fear.
One step forward whoever dares
to look at the countenance of purity, raise
the chaste childlike skirt
of happiness!
What a subtle decoy, despicable racket,
well marinaded bait
of appearances.
Where love, where courage, indeed, where
company? Traveller,
keep singing the joyful friendship
in the dawning pine grove. Don't ever
believe what I've just said:
sing and sing. You, don't ever
go around these lands saying
that there is little love and always much fear.

ALIANZA Y CONDENA

[1965]

Para Clara

ALLIANCE AND CONDEMNATION

[1965]

For Clara

I

Brujas a mediodía
(Hacia el conocimiento)

No son cosas de viejas
ni de agujas sin ojo o alfileres
sin cabeza. No salta,
como sal en la lumbre, este sencillo
sortilegio, este viejo
maleficio. Ni hisopo
para rociar ni vela
de cera virgen necesita. Cada
forma de vida tiene
un punto de cocción, un meteoro
de burbujas. Allí, donde el sorteo
de los sentidos busca
propiedad, allí, donde
se cuaja el ser, en ese
vivo estambre, se aloja
la hechicería. No es tan sólo el cuerpo,
con su leyenda de torpeza, lo que
nos engaña: en la misma
constitución de la materia, en tanta
claridad que es estafa,
guiños, mejunjes, trémulo
carmín, nos trastornan. Y huele
a toca negra y aceitosa, a pura
bruja este mediodía de septiembre
y en los pliegues del aire,
en los altares del espacio hay vicios
enterrados, lugares
donde se compra juventud, siniestras
recetas para amores. Y en la tensa
maduración del día, no unos labios
sino secas encías,

I

Witches at Midday
(Toward Knowledge)

It's not old women's sayings
nor matter of eyeless needles or headless
pins. It doesn't burst,
like salt in a fire, this simple
spell, this old
curse. It needs neither aspergillum
to sprinkle nor candle
of virgin wax. Every
form of life has
a cooking point, a meteor
of bubbles. There, where the lottery
of the senses seeks
property, there, where
being curdles, in that
living stamen, witchcraft
lodges. It is not only the body,
with its legendary maladroitness, that
fools us: in the very
constitution of matter, in such
clarity that is a trick,
winks, concoctions, tremulous
lipstick, they unhinge us. And it smells
like a black and oily headscarf, like a pure
witch, this September midday,
and in the folds of the air,
on the altars of space, there are interred
vices, places
where youth and sinister recipes for loves
can be bought. And in the taut
unfolding of the day, not lips
but dry gums

nos chupan de la sangre
el rezo y la blasfemia,
el recuerdo, el olvido,
todo aquello que fue sosiego o fiebre.
Como quien lee en un renglón tachado
el arrepentimiento de una vida,
con tesón, con piedad, con fe, aun con odio,
ahora, a mediodía, cuando hace
calor y está apagado
el sabor, contemplamos
el hondo estrago y el tenaz progreso
de las cosas, su eterno
delirio, mientras chillan
las golondrinas de la huida.

La flor del monte, la manteca añeja,
el ombligo de niño, la verbena
de la mañana de San Juan, el manco
muñeco, la resina,
buena para caderas de mujer,
el azafrán, el cardo bajo, la olla
de Talavera con pimienta y vino,
todo lo que es cosa de brujas, cosa
natural, hoy no es nada
junto a este aquelarre
de imágenes que, ahora,
cuando los seres dejan poca sombra,
da un reflejo: la vida.
La vida no es reflejo
pero, ¿cuál es su imagen?
Un cuerpo encima de otro
¿siente resurrección o muerte? ¿Cómo
envenenar, lavar
este aire que no es nuestro pulmón?
¿Por qué quien ama nunca
busca verdad, sino que busca dicha?
¿Cómo sin la verdad
puede existir la dicha? He aquí todo.

suck from our blood
prayer and blasphemy,
memory and oblivion,
all that which was calm or fever.
Like someone who reads in a crossed-out line
the repentance of a lifetime,
with tenacity, with pity, with faith, even with hate,
now, at midday, when it is
hot and taste is
faint, we ponder
the deep ruin and the stubborn progress
of things, their eternal
ravings, while the swallows
screech in flight.

The hillside flower, the mature lard,
the child's navel, the morning
street party of St John's day, the doll
with one arm, resin,
good for a woman's hips,
saffron, the lowly thistle, the stew
of Talavera with pepper and wine,
everything of witches, natural
things, today are nothing
next to this coven
of images that, now,
when beings cast little shadow,
gives a reflection: life.
Life is not a reflection,
but, What is its image?
One body above another,
does it feel resurrection or death? How
to poison, to wash
this air that is not our lung?
Why does someone in love never
seek truth, but seeks joy?
How can joy exist
without truth? Here is everything.

Pero nosotros nunca
tocamos la sutura,
esa costura (a veces un remiendo,
a veces un bordado),
entre nuestros sentidos y las cosas,
esa fina arenilla
que ya no huele dulce sino a sal,
donde el río y el mar se desembocan,
un eco en otro eco, los escombros
de un sueño en la cal viva
del sueño aquel por el que yo di un mundo
y lo seguiré dando. Entre las ruinas
del sol tiembla
un nido con calor nocturno. Entre
la ignominia de nuestras leyes se alza
el retablo con viejo
oro y vieja doctrina
de la nueva justicia. ¿En qué mercados
de altas sisas el agua
es vino, el vino sangre, sed la sangre?
¿Por qué aduanas pasa
de contrabando harina
como carne, la carne
como polvo y el polvo
como carne futura?

Esto es cosa de bobos. Un delito
común este de andar entre pellizcos
de brujas. Porque ellas
no estudian sino bailan
y mean, son amigas
de bodegas. Y ahora,
a mediodía,
si ellas nos besan desde tantas cosas,
¿dónde estará su noche,
dónde sus labios, dónde nuestra boca
para aceptar tanta mentira y tanto
amor?

But we never
touch the suture,
that stitching (sometimes a mend,
sometimes embroidery),
between our senses and things,
that fine sand
that no longer smells sweet but sharp,
where the river and the sea disembogue,
one echo in another echo, the debris
of a dream in the quicklime
of that dream for which I gave a world
and will go on giving it. Amid the ruins
of the sun trembles
a nest with nocturnal heat. Amid
the ignominy of our laws rises
the retable with old
gold and old doctrine
of the new justice. In what markets
of high swindle is the water
wine, the wine blood, thirst blood?
Through what customs is
flour smuggled
like flesh, flesh
like dust and dust
like future flesh?

This is a fool's doing. A common
crime this walking amid pinches
of witches. Because they
don't study but dance
and piss, are locals
on taverns. And now,
at midday,
if they kiss us from so many things,
where will their night be,
where their lips, where our mouths
to accept so many lies and so much
love?

Gestos

Una mirada, un gesto,
cambiarán nuestra vida. Cuando actúa mi mano,
tan sin entendimiento y sin gobierno
pero con errabunda resonancia,
y sondea buscando
calor y compañía en este espacio
en donde tantas otras
han vibrado, ¿qué quiere
decir? Cuántos y cuántos gestos como
un sueño mañanero
pasaron. Como esa
casera mueca de las figurillas
de la baraja, aunque
dejando herida o beso, sólo azar entrañable.
Más luminoso aún que la palabra
nuestro ademán como ella
roído por el tiempo, viejo como la orilla
del río, ¿qué
significa?
¿Por qué desplaza el mismo aire el gesto
de la entrega o del robo,
el que cierra una puerta o el que la abre,
el que da luz o apaga?
¿Por qué es el mismo el giro del brazo cuando siembra
que cuando siega,
el del amor que el del asesinato?

Nosotros tan gesteros pero tan poco alegres,
raza que sólo supo
tejer banderas, raza de desfiles,
de fantasías y de dinastías,
hagamos otras señas.
No he de leer en cada palma, en cada
movimiento, como antes. No puedo ahora frenar
la rotación inmensa del abrazo

Gestures

A gaze, a gesture,
will change our lives. When my hand acts,
so instinctively and unruly
but with wandering echo,
and sounds out searching for
heat and company in this space
where so many others
have vibrated, What does it
mean? What lots and lots of gestures like
a morning dream
are over. Like that
familiar grimace in the little
court cards, although
leaving a wound or a kiss, merely fond chance.
Even brighter than the word
our gesture, like it,
eaten away by time, old like a river
bank, what does it
mean?
Why does the gesture of surrendering or of robbing,
of closing a door or of opening it,
of switching the light on or off
displace the same air?
Why is it the same the turn of the arm when sowing
and when harvesting,
of love and of murder?

We, so gesturing but so little happy,
a race that only knew how
to weave flags, a race of parades,
of fantasies and of dynasties,
let's make other signs.
I shouldn't read in every palm, in every
move, as before. I cannot halt now
the tremendous rotation of a hug

para medir su órbita
y recorrer su emocionada curva.
No, no son tiempos
de mirar con nostalgia
esa estela infinita del paso de los hombres.
Hay mucho que olvidar
y más aún que esperar. Tan silencioso
como el vuelo del búho, un gesto claro,
de sencillo bautizo,
dirá, en un aire nuevo,
mi nueva significación, su nuevo
uso. Yo sólo, si es posible,
pido cuando me llegue la hora mala,
la hora de echar de menos tantos gestos queridos,
tener fuerza, encontrarlos
como quien halla un fósil
(acaso una quijada aún con el beso trémulo)
de una raza extinguida.

Porque no poseemos
(La mirada)

I

Porque no poseemos,
vemos. La combustión del ojo en esta
hora del día cuando la luz, cruel
de tan veraz, daña
la mirada ya no me trae aquella
sencillez. Ya no sé qué es lo que muere,
qué lo que resucita. Pero miro,
cojo fervor, y la mirada se hace
beso, ya no sé si de amor o traicionero.
Quiere acuñar las cosas,
detener su hosca prisa

to measure its orbit
and traverse its passionate curve.
No, these aren't times
to be looking nostalgically
at that infinite trail of the passing of men.
There's much to be forgotten
and even more to be expected. As quiet
as an owl's flight, a clear gesture,
of simple baptism,
will tell, with a new air,
its new meaning, its new
use. I only ask, if it's possible,
that when the evil time comes for me,
the time of missing so many dear gestures,
I may be strong, find them
like someone who finds a fossil
(perhaps a jawbone still with a trembling kiss)
of an extinct race.

Because We Don't Possess
    (The Gaze)

I

Because we don't possess,
we see. The combustion of the eye at this
time of day, when the light, so truthfully
cruel, hurts
the gaze, no longer brings me that
simplicity. I no longer know what it is that dies,
what it is that resuscitates. But I look,
I become eager, and the gaze becomes
a kiss, I no longer know whether loving or betraying.
It wants to chisel things,
to halt their grim haste

de adiós, vestir, cubrir
su feroz desnudez de despedida
con lo que sea: con esa membrana
delicada del aire,
aunque fuera tan sólo
con la sutil ternura
del velo que separa las celdillas
de la granada. Quiere untar su aceite,
denso de juventud y de fatiga,
en tantos goznes luminosos que abre
la realidad, entrar
dejando allí, en alcobas tan fecundas,
su poso y su despojo,
su nido y su tormenta,
sin poder habitarlas. Qué mirada
oscura viendo cosas
tan claras. Mira, mira:
allí sube humo, empiezan
a salir de esa fábrica los hombres,
bajos los ojos, baja la cabeza.
Allí está el Tormes con su cielo alto,
niños por las orillas entre escombros
donde escarban gallinas. Mira, mira:
ve cómo ya, aun con muescas y clavijas,
con ceños y asperezas,
van fluyendo las cosas. Mana, fuente
de rica vena, mi mirada, mi única
salvación, sella, graba,
como en un árbol los enamorados,
la locura armoniosa de la vida
en tus veloces aguas pasajeras.

II

La misteriosa juventud constante
de lo que existe, su maravillosa

of goodbye, to dress, to cover
their fierce nakedness of farewell
with whatever: with that delicate
membrane of air,
although it were only
with the subtle tenderness
of the veil that separates the cells
of the pomegranate. It wants to rub its oil,
dense with youth and with hardship,
on so many bright hinges that reality
opens, to enter
leaving there, in such fertile bedrooms,
its trace and its dispossession,
its nest and its storm,
not being able to dwell in them. What a dark
gaze seeing things
so clearly. Look, look:
there smoke rises, men
start to leave that factory,
their eyes low, their heads low.
There is the Tormes with its high sky,
children around its banks, amid the debris
where hens scrabble. Look, look:
see how already, even with slots and pins,
with frowns and abruptness,
things go flowing by. Gush, fountain
of rich vein, my gaze, my only
salvation, seal, carve,
like lovers on a tree,
life's harmonious madness
in your quick passing waters.

II

The mysterious and constant youth
of what exists, its marvellous

eternidad, hoy llaman
con sus nudillos muy heridos a esta
pupila prisionera. Hacía tiempo
(qué bien sé ahora el porqué) me era lo mismo
ver flor que llaga, cepo que caricia;
pero esta tarde ha puesto al descubierto
mi soledad y miro
con mirada distinta. Compañeros
falsos y taciturnos,
cebados de consignas, si tan ricos
de propaganda, de canción tan pobres;
yo mismo, que fallé, tantas ciudades
con ese medallón de barro seco
de la codicia, tanto
pueblo rapaz al que a mi pesar quiero,
me fueron, a hurtadillas,
haciendo mal de ojo y yo seguía
entre los sucios guiños, esperando
un momento. Éste de hoy. Tiembla en el aire
la última luz. Es la hora
en que nuestra mirada
se agracia y se adoncella.
La hora en que, al fin, con toda
la vergüenza en la cara, miro y cambio
mi vida entera por una mirada,
esa que ahora está lejos,
la única que me sirve, por la sola
cosa por la que quiero estos dos ojos:
esa mirada que no tiene dueño.

eternity, they knock today
with their wounded knuckles on this
captive pupil. Long ago
(how well now I know why) I didn't care if
I saw a flower or a sore, a snare or a caress;
but this afternoon has exposed
my loneliness and I look
with a different gaze. Companions,
false and taciturn,
fattened up on slogans, so rich
in propaganda, but so poor in song;
I myself, who failed, so many towns
with that dry mud medallion
of greed, so many
rapacious villages, which to my regret I love,
they were, on the sly,
giving me the evil eye, and I continued
amid the dirty winks, waiting for
a moment. This one of today. The last light
trembles in the air. It is the time
when our gaze
becomes attractive and maidenly.
The time when, at last, with all
the shame on my face, I look and change
my whole life for a gaze,
that one which is far away now,
the only one that serves me, for the only
thing for which I want these two eyes:
that gaze that has no master.

Cáscaras

I

El nombre de las cosas que es mentira
y es caridad, el traje
que cubre el cuerpo amado
para que no muramos por la calle
ante él, las cuatro copas
que nos alegran al entrar en esos
edificios donde hay sangre y hay llanto,
hay vino y carcajadas,
el precinto y los cascos,
la cautela del sobre que protege
traición o amor, dinero o trampa,
la inmensa cicatriz que oculta la honda herida,
son nuestro ruin amparo.
Los sindicatos, las cooperativas,
los montepíos, los concursos;
ese prieto vendaje
de la costumbre, que nos tapa el ojo
para que no ceguemos,
la vana golosina de un día y otro día
templándonos la boca
para que el diente no busque la pulpa
fatal, son un engaño
venenoso y piadoso. Centinelas
vigilan. Nunca, nunca
darán la contraseña que conduce
a la terrible munición, a la verdad que mata.

II

Entre la empresa, el empresario, entre
prosperidad y goce,
entre un error prometedor y otra

Shells

I

The name of things that is a lie
and is charity, the suit
that covers the beloved body
so that we won't die in the street
before it, the few drinks
that cheer us up when entering those
buildings where there's blood and there's crying,
there's wine and laughter,
the seal and the empty bottles,
the caution of the envelope protecting
betrayal or love, money or trap,
the huge scar hiding the deep wound,
make up our scanty shelter.
The trade unions, the co-operatives,
the state pawnbroker's, the selection processes;
that tight bandaging
of habit, which covers our eye
so we don't go blind,
the empty sweet of one day and next day
restraining our mouths
so that the tooth won't seek the fatal
pulp, are a poisonous
and compassionate deceit. Sentries
are keeping watch. Never, never
will they give away the password that leads
to the horrible ammunition, to the killing truth.

II

Between the company and the businessman, between
success and pleasure,
between a promising mistake and another

ciencia a destiempo,
con el duro consuelo
de la palabra, que termina en burla
o en provecho o defensa,
o en viento
enerizo, o en pura
mutilación, no en canto;
entre gente que sólo
es muchedumbre, no
pueblo, ¿dónde
la oportunidad del amor,
de la contemplación libre o, al menos,
de la honda tristeza, del dolor verdadero?
La cáscara y la máscara,
los cuarteles, los foros y los claustros,
diplomas y patentes, halos, galas,
las más burdas mentiras:
la de la libertad mientras se dobla
la vigilancia,
¿han de dar vida a tanta
juventud macerada, tanta fe corrompida?

Pero tú quema, quema
todas las cartas, todos los retratos,
los pajares del tiempo, la avena de la infancia.
El más seco terreno
es el de la renuncia. Quién pudiera
modelar con la lluvia esta de junio
un rostro, dices. Calla
y persevera aunque
ese rostro sea lluvia,
muerde la dura cáscara,
muerde aunque nunca llegues
hasta la celda donde cuaja el fruto.

untimely science,
with the hard solace
of the word, which ends up in mockery
or in benefit or defence,
or in January
wind, or in pure
mutilation, not in song;
amid people who are
only a crowd, not
a people, where's
the opportunity for love,
for the free contemplation or, at least,
for the deep sorrow, the true pain?
The cask and the mask,
the barracks, the courts and the cloisters,
diplomas and licences, halos, fineries,
the most blatant lies:
that of liberty while the sentry
is doubled,
should they give life to so much
tenderised youth, so much corrupted faith?

But you, burn, burn
all the letters, all the portrait photographs,
the haylofts of time, the oats of childhood.
The driest soil
is that of renunciation. Who could
shape with this June rain
a face, you say. Keep quiet
and persevere even if
that face be rain,
bite the hard shell,
bite even if you never reach
the cell where the fruit matures.

Por tierra de lobos

I

Arrodillado sobre
tantos días perdidos
contemplo hoy mi trabajo como a esa
ciudad lejana, a campo
abierto.
Y tú me culpas de ello,
corazón, duro amo.
Que recuerde y olvide,
que aligere y que cante
para pasar el tiempo,
para perder el miedo;
que tantos años vayan de vacío
por si nos llega algo
que cobije a los hombres.
Como siempre, ¿eso quieres?
En manada, no astutos
sino desconfiados,
unas veces altivos
otras menesterosos, por inercia
e ignorancia, en los brazos
del rencor, con la honra
de su ajo crudo y de su vino puro,
tú recuerda, recuerda
cuánto en su compañía
ganamos y perdimos.
¿Cómo podrás ahora
acompasar deber
con alegría, dicha
con dinero? Mas sigue.
No hay que buscar ningún
beneficio.
Lejos están aquellas
mañanas.

Through Wolf Country

I

Kneeling on
so many lost days,
I contemplate my work today like that
distant town, with frank
simplicity.
And you blame me for it,
oh heart, harsh master.
Let me remember and forget,
let me hasten and sing
to let time pass,
to lose my fear;
let so many years go empty-handed
lest something comes to us
that will shelter men.
As always, Is that what you want?
In a pack, not sly
but distrustful,
at times haughty
at times needy, through inertia
and ignorance, in the arms
of rancour, with the pride
of their raw garlic and their pure wine,
remember, remember
how much in their company
we gained and lost.
How will you now
balance debit
and happiness, joy
and money? But go on.
You shouldn't seek any
profit.
Those mornings were
a long time ago.

Las mañanas aquellas pobres de vestuario
como la muerte, llenas
de rodillas beatas y de manos
del marfil de la envidia y de unos dientes
muy blancos y cobardes,
de conejo. Esas calles
de hundida proa con costumbre añosa
de señera pobreza,
de raída arrogancia, como cuñas
que sostienen tan sólo
una carcoma irremediable. Y notas
de sociedad, linaje, favor público,
de terciopelo y pana, caqui y dril,
donde la adulación color lagarto
junto con la avaricia olor a incienso
me era como enemigos
de nacimiento. Aquellas
mañanas con su fuerte
luz de meseta, tan consoladora.
Aquellas niñas que iban al colegio
de ojos castaños casi todas ellas,
aún no lejos del sueño y ya muy cerca
de la alegría. Sí, y aquellos hombres
en los que confié, tan sólo ávidos
de municiones y de víveres . . .

A veces, sin embargo, en esas tierras
floreció la amistad. Y muchas veces
hasta el amor. Doy gracias.

II

Erguido sobre
tantos días alegres,
sigo la marcha. No podré habitarte,
ciudad cercana. Siempre seré huésped,

Those mornings, wretchedly dressed
like death, full
of over-pious knees and ivory
hands of envy, and very white and
cowardly teeth,
like a rabbits'. Those streets
of sunken prow with an aged habit
of outstanding poverty,
of threadbare arrogance, like wedges
that hold up only
an incurable worm-rot. And pillars
of society, lineage, public support,
of velvet and corduroy, khaki and drill,
where lizard-coloured flattery
along with greed, the smell of incense,
were to me like enemies
from birth. Those
mornings with their strong
light of tableland, so comforting.
Those girls who went to school,
most of them brown-eyed,
still sleepy and very close now
to happiness. Yes, and those men
I trusted, so eager only
for ammunition and provisions ...

Sometimes, however, in those lands
friendship flourished. And often
even love. I give thanks.

II

Standing over
so many happy days,
I go on marching. I won't dwell in you,
nearby town. I'll always be a guest,

nunca vecino.
Ahora ya el sol tramonta. De esos cerros
baja un olor que es frío aquí en el llano.
El color oro mate poco a poco
se hace bruñida plata. Cae la noche.

No me importó otras veces
la alta noche,
recordadlo. Sé que era lamentable
el trato aquel, el hueco
repertorio de gestos
desvencijados
sobre cuerpos de vario
surtido y con tan poca
gracia para actuar. Y los misales
y las iglesias parroquiales,
y la sotana y la badana, hombres
con diminutos ojos triangulares
como los de la abeja,
legitimando oficialmente el fraude,
la perfidia, y haciendo
la vida negociable; las mujeres
de honor pulimentado, liquidadas
por cese o por derribo,
su mocedad y su frescura
cristalizadas en
ansiedad, rutina
vitalicia, encogiendo
como algodón. Sí, sí, la vieja historia.
Como en la vieja historia oí aquellas
palabras a alta noche, con alcohol,
o de piel de gamuza
o bien correosas, córneas, nunca humanas.
Vi la decrepitud, el mimbre negro.
Oí que eran dolorosas las campanas
a las claras del alba.

never an inhabitant.
Now the sun's sinking behind the hills. From them
comes a smell that is cold down here, on the plain.
The matt golden colour little by little
becomes polished silver. Night falls.

At other times I wasn't bothered
by the small hours,
remember that. I know it was all a shame,
that treatment, the hollow
repertoire of rickety
gestures
over bodies of assorted
kinds and with so little
grace for acting. And missals
and parish churches,
and cassocks and hat sweat-bands, men
with tiny triangular eyes
like those of a bee,
officially legitimising the fraud,
the treachery, and making
life negotiable; women
of polished honour, on sale
for closing-down or demolition,
their youth and their freshness
crystallised into
anxiety, routine
for life, shrinking
like cotton. Yes, yes, the old story.
As in the old story I heard those
words in the small hours, with alcohol,
either of suede
or leathery, bony, never human.
I saw decrepitude, the black wicker.
I heard that the bells were painful
in the clear light of dawn.

Es hora muy tardía
mas quiero entrar en la ciudad. Y sigo.
Va a amanecer. ¿Dónde hallaré vivienda?

Eugenio de Luelmo
(Que vivió y murió junto al Duero)

I

Cuando amanece alguien con gracia de tan sencillas
como a su lado son las cosas, casi
parecen nuevas, casi
sentimos el castigo, el miedo oscuro
de poseer. Para esa
propagación inmensa del que ama
floja es la sangre nuestra. La eficacia de este hombre,
sin ensayo, el negocio
del mar que eran sus gestos ola a ola,
flor y fruto a la vez, y muerte y nacimiento
al mismo tiempo, y ese gran peligro
de su ternura, de su modo de ir
por las calles nos daban
la única justicia: la alegría.
Como quien fuma al pie
de un polvorín sin darse cuenta íbamos con él
y como era tan fácil
de invitar no veíamos
que besaba al beber y que al hacerle trampas
en el tute, más en el mus, jugaba
de verdad, con sus cartas
sin marca. Él, cuyo oficio sin horario
era la compañía, ¿cómo iba
a saber que su Duero
es mal vecino?

It is very late
but I want to come into town. And I go on.
Dawn is about to break. Where shall I find a home?

Eugenio de Luelmo
(Who Lived And Died by The Duero)

I

When someone dawns with grace, so simple
are things around him they almost
seem new, we almost
feel the punishment, the dark fear
of possessing. Our blood is weak
for that vast diffusion
of him who loves. The efficacy of this man,
effortless, the business
of the sea, that were his gestures, wave by wave,
flower and fruit at the same time, and death, and birth
at the same time, and that great danger
of his tenderness, of his way of going
through the streets, gave us
the only justice: happiness.
Like one who smokes at the foot of
a munitions magazine unaware we'd go with him
and, since he was so easy
to invite, we didn't see
that he kissed when he drank, and that when we cheated
at *tute*, even more at *mus*, he played
for real, with his cards
unmarked. He, whose untimetabled trade
was keeping company, how was he
to know that his Duero
is a bad neighbour?

II

Caminos por ventilar
que oreó con su asma,
son de tambores del que él hizo arrullo
siendo de guerra, leyes que dividían
a tajo hombre por hombre
de las que él hizo injertos para poblar su agrio
vacío no con saña,
menos con propaganda,
sino con lo más fértil, su llaneza,
todo ardía en el horno de sus setenta y dos años.
Allí todo era llama
siempre atizada, incendio sin cenizas
desde el sueldo hasta el hijo,
desde las canas hasta la ronquera,
desde la pana al alma. Como alondra
se agachaba al andar y se le abría un poco
el compás de las piernas, con el aire
del que ha cargado mucho (tan distinto
del que monta a caballo o del marino).
Apagada la oreja,
oliendo a cal, a arena, a vino, a sebo,
iba sin despedida:
todo él era retorno.
esa velocidad conquistadora
de su vida, su sangre
de lagartija, de águila y de perro,
se nos metían en el cuerpo como
música caminera. Ciegos para el misterio
y, por lo tanto, tuertos
para lo real, ricos sólo de imágenes
y sólo de recuerdos, ¿cómo vamos ahora
a celebrar lo que es suceso puro,
noticia sin historia, trabajo que es hazaña?

II

Pathways to be ventilated
that he aired with his asthma,
the sound of drums out of which he made a murmur
although they were of war, laws that divided
with a slash men from men
out of which he made grafts to plant their bitter
void not maliciously,
much less with propaganda,
but with that most fertile thing, his simplicity,
everything burned in the oven of his seventy-two years.
Everything in there was flames
always poked, fire without ashes
from the wages to the son,
from the grey hair to the hoarseness,
from the corduroy to the soul. Like a lark
he crouched as he walked, and the compass of his legs
opened a little, with the appearance
of one who has carried a great deal (so different
from one who rides a horse or from a seaman).
Hearing grown faint,
smelling like lime, like sand, like wine, like grease,
he left without a goodbye:
he was all return.
That conquering speed
of his life, his blood
of a wall lizard, of an eagle, and of a dog,
they got into our bodies like
walking music. Blind to the mystery
and, therefore, one-eyed
for the real, rich only in images
and only in memories, how are we now
to celebrate what is pure happening,
news without history, work that is a feat?

III

No bajo la cabeza,
Eugenio, aunque yo bien sé que ahora
no me conocerían ni aun en casa.
La muerte no es un río, como el Duero,
ni tampoco es un mar. Como el amor, el mar
siempre acaba entre cuatro
paredes. Y tú, Eugenio, por mil cauces
sin crecida o sequía,
sin puentes, sin mujeres
lavando ropa, ¿en qué aguas
te has metido?
Pero tú no reflejas, como el agua;
como tierra, posees.
Y el hilván de estas calles
de tu barriada al pasar del río,
y las sobadas briscas,
y el dar la mano sin dar ya verano
ni realidad, ni vida
a mansalva, y la lengua
ya tonta de decir «adiós», «adiós»,
y el sol ladrón y huido,
y esas torres de húmeda
pólvora, de calibre
perdido, y yo con este aire de primero de junio
que hace ruido en mi pecho,
y los amigos... Mucho,
en poco tiempo mucho ha terminado.
Ya cuesta arriba o cuesta abajo,
hacia la plaza o hacia tu taller,
todo nos mira ahora
de soslayo, nos coge
fuera de sitio.
Nos da como vergüenza
vivir, nos da vergüenza
respirar, ver lo hermosa

III

I won't bow my head,
Eugenio, though I know well that now
they wouldn't recognise me even at home.
Death is not a river, like the Duero,
nor is it a sea. Like love, the sea
always ends up cooped in.
And you, Eugenio, through a thousand river beds
without rise or drought,
without bridges, without women
washing clothes, what waters
did you get into?
But you don't reflect, like water;
like earth, you possess.
And the tacking stitch of these streets
of your neighbourhood right by the river,
and the shabby trump cards,
and handshaking without now making summer
or reality, or life
point-blank, and the tongue
now numb from saying 'Goodbye', 'Goodbye',
and the thieving and fled sun,
and these towers of damp
gunpowder, of a lost
calibre, and I, with this air of the first of June
that makes noises in my chest,
and my friends . . . Much,
in little time much has ended.
Whether uphill or downhill,
toward the square or toward your workshop,
everything is looking at us now
sideways, it catches us
out of place.
We are sort of ashamed
to live, we're ashamed
to breathe, to see how beautifully

que cae la tarde. Pero
por el ojo de todas las cerraduras del mundo
pasa tu llave y abre
familiar, luminosa,
y así entramos en casa
como aquel que regresa de una cita cumplida.

Noche en el barrio

Nunca a tientas, así, como ahora, entra
por este barrio. Así, así, sin limosna,
sin tregua, entra, acorrala,
mete tu cruda forja
por estas casas. De una vez baja, abre
y cicatriza esta honda
miseria. Baja ahora que no hay nadie,
noche mía, no alejes, no recojas
tu infinito latir ávido. Acaba
ya de cernirte, acosa
de una vez a esta presa a la que nadie
quiere valer. Sólo oiga,
noche mía, después de tantos años,
el son voraz de tu horda luminosa
saqueando hasta el fondo
tanta orfandad, la agria pobreza bronca
de este bloque en silencio que está casi
en el campo y aloja
viva siembra vibrante. Desmantele
tu luz nuestra injusticia y nos la ponga
al aire, y la descarne,
y la sacuda, y la haga pegajosa
como esta tierra, y que nos demos cuenta
de que está aquí, a dos pasos. Protectora
nunca, sí con audacia.
Acusa. Y que la casta,

the evening sets. But
into the keyhole of all the locks of the world
your key fits and opens
familiarly, brightly,
and so we enter the house
like him who returns, his duty fulfilled.

A Night in the Neighbourhood

Never groping along, like this, like now, enter
this neighbourhood. Like this, like this, without begging,
without truce, enter, round up, corner,
put your crude forge
into these houses. Come down for good, open
and patch up this deep
misery. Come down now as there's no one around,
night of mine, don't take away, don't put away
your endless, avid pulsing. End
your hovering now, pursue
for good this prey which no one
wants to protect. May I only hear,
night of mine, after so many years,
the voracious strains of your bright horde
plundering thoroughly
so much orphanhood, the bitter, harsh poverty
of this silent building that is almost
in the countryside and lodges
a vivid, vibrant sowing. May your light
dismantle our injustice and leave it
exposed for us, and eat it away,
and shake it, and make it clinging
like this earth, and may we realise
that it is here, two steps away. Never
protective, but daring.
Accuse. And may the temper,

la hombría de alta cal, los sueños, la obra,
el armazón desnudo de la vida
se crispen.

Y estás sola,
tú, noche, enloquecida de justicia,
anonadada de misericordia,
sobre este barrio trémulo al que nadie
vendrá porque es la historia
de todos, pero al que tú siempre, en andas
y en volandas,
llevas, y traes, y hieres, y enamoras
sin que nadie lo sepa,
sin que nadie oiga el ruido
de tus inmensos pulsos, que desbordan.

the manliness of high lime, the dreams, the work,
the naked framework of life
twitch.

And you're alone,
you, night, crazed with justice,
stunned with mercy,
above this quivering neighbourhood to which no one
will come because it is everybody's
story, but to which you always, as if
on wings,
take, and bring, and wound, and win hearts
without anyone knowing it,
without anyone hearing the noise
of your deep beats, that overflow.

II

Espuma

Miro la espuma, su delicadeza
que es tan distinta a la de la ceniza.
Como quien mira una sonrisa, aquella
por la que da su vida y le es fatiga
y amparo, miro ahora la modesta
espuma. Es el momento bronco y bello
del uso, el roce, el acto de la entrega
creándola. El dolor encarcelado
del mar se salva en fibra tan ligera;
bajo la quilla, frente al dique, donde
existe amor surcado, como en tierra
la flor, nace la espuma. Y es en ella
donde rompe la muerte, en su madeja
donde el mar cobra ser como en la cima
de su pasión el hombre es hombre, fuera
de otros negocios: en su leche viva.
A este pretil, brocal de la materia
que es manantial, no desembocadura,
me asomo ahora cuando la marea
sube, y allí naufrago, allí me ahogo
muy silenciosamente, con entera
aceptación, ileso, renovado
en las espumas imperecederas.

Viento de primavera
A Winifred Grillet

Ni aun el cuerpo resiste
tanta resurrección y busca abrigo
ante este viento que ya templa y trae
olor y nueva intimidad. Ya cuanto

II

Foam

I look at the foam, its delicacy
so different from that of ash.
As one who sees a smile, that
for which he gives his life, and it is his burden
and refuge, I see now the modest
foam. It is the harsh and beautiful moment
of the use, the friction, the act of surrender
creating it. The imprisoned suffering
of the sea is saved in a fibre so light;
beneath the keel, before the dike, where
ploughed love exists, as on land
the flower, the foam is born. And it is in it
where death breaks, in its skein
where the sea acquires being, as at the peak
of his passion man is man, aside
from other business: in his living milk.
Balustrade, curb of the matter
that is a spring, not its exit,
I lean out now when the tide
rises, and there I shipwreck, I drown
very silently, with full
acceptance, unharmed, renewed
in the imperishable foams.

Spring Wind
    To Winifred Grillet

Not even the body withstands
so many resurrections, and it seeks shelter
before this wind that now warms up and brings
smell and a new intimacy. Everything that

fue hambre ahora es sustento. Y se aligera
la vida, y un destello generoso
vibra por nuestras calles. Pero sigue
turbia nuestra retina y la saliva
seca, y los pies van a la desbandada,
como siempre. Y entonces,
esta presión fogosa que nos trae
el cuerpo aún frágil de la primavera,
ronda en torno al invierno
de nuestro corazón, buscando un sitio
por donde entrar en él. Y aquí, a la vuelta
de la esquina, al acecho,
en feraz merodeo,
nos ventea la ropa,
nos orea el trabajo,
barre la casa, engrasa nuestras puertas
duras de oscura cerrazón, las abre
a no sé qué hospitalidad hermosa
y nos desborda y, aunque
nunca nos demos cuenta
de tanta juventud, de lleno en lleno
nos arrasa. Sí, a poco
del sol salido, un viento ya gustoso,
sereno de simiente, sopló en torno
de nuestra sequedad, de la injusticia
de nuestros años, alentó para algo
más hermoso que tanta
desconfianza y tanto desaliento,
más valiente que nuestro
miedo a su honda rebelión, a su alta
resurrección. Y ahora
yo, que perdí mi libertad por todo,
quiero oír cómo el pobre
ruido de nuestro pulso se va a rastras
tras el cálido son de esta alianza
y ambos hacen la música
arrolladora, sin compás, a sordas,

was hunger is sustenance now. And life
lightens, and a generous gleam
vibrates through our streets. But our retina
remains blurred and our saliva
dry, and our feet all over the place,
as usual. And then,
this passionate pressure that the body
of spring, still fragile, brings to us,
prowls around the winter
of our hearts, seeking a spot
through which to enter. And here, around
the corner, on the lookout,
in fertile pillage,
it sniffs our clothes,
airs our work,
sweeps the house, oils our doors,
stiff from dark narrowness, it opens them
to I know not what beautiful hospitality
and overflows us, and, even though
we never realize
so much youth, it completely
devastates us. Yes, a little
after sunrise, a now pleasant wind,
calm with seed, blew around
our dryness, around the injustice
of our years, inspired something
more beautiful than so much
distrust and so much disheartening,
more courageous than our
fear of its deep revolt, its high
resurrection. And now
I, who lost my freedom for everything,
I want to hear how the poor
noise of our pulse leaves, dragging ourselves
after the warm sound of this alliance
and both make unbearable
music, out of time, on the quiet,

por la que sé que llegará algún día,
quizá en medio de enero, en el que todos
sepamos el porqué del nombre: «viento
de primavera».

Gorrión

No olvida. No se aleja
este granuja astuto
de nuestra vida. Siempre
de prestado, sin rumbo,
como cualquiera, aquí anda,
se lava aquí, tozudo,
entre nuestros zapatos.
¿Qué busca en nuestro oscuro
vivir? ¿Qué amor encuentra
en nuestro pan tan duro?
Ya dio al aire a los muertos
este gorrión que pudo
volar pero aquí sigue,
aquí abajo, seguro,
metiendo en su pechuga
todo el polvo del mundo.

Lluvia y gracia

Desde el autobús, lleno
de labriegos, de curas y de gallos,
al llegar a Palencia,
veo a ese hombre.
Comienza a llover fuerte, casi arrecia
y no le va a dar tiempo
a refugiarse en la ciudad. Y corre

for which I know a day will come,
perhaps in mid-January, in which we all
will know the reason for the name: 'spring
wind'.

Sparrow

It doesn't forget. It doesn't go away
this crafty rogue
from our lives. Always
cadging, aimlessly,
like a nobody, here it strays,
it washes here, stubborn,
amid our shoes.
What does it seek in our dark
living? What love does it gain
with our bread, so stale?
It allowed its dead to disseminate
this sparrow that could have
flown but is still in this place,
down here, self-assured,
putting into its breast
all of the world's dust.

Rain and Grace

From the bus, full
of farm workers, priests and cocks,
on arriving in Palencia,
I see that man.
It begins to rain hard, almost pouring,
and he won't have enough time
to shelter in town. And he runs

como quien asesina. Y no comprende
el castigo del agua, su sencilla
servidumbre; tan sólo estar a salvo
es lo que quiere. Por eso no sabe
que le crece como un renuevo fértil
en su respiración acelerada,
que es cebo vivo, amor ya sin remedio,
cantera rica. Y, ante la sorpresa
de tal fecundidad,
se atropella y recela;
siente, muy en lo oscuro, que está limpio
para siempre pero él no lo resiste;
y mira, y busca, y huye,
y, al llegar a cubierto,
entra mojado y libre, y se cobija,
y respira tranquilo en su ignorancia
al ver cómo su ropa
poco a poco se seca.

Girasol

Esta cara bonita,
este regazo que fue flor y queda
tan pronto encinta y yo lo quiero, y ahora
me lo arrimo, y me entra
su luminosa rotación sencilla,
su danza que es cosecha,
por el alma esta tarde
de septiembre, de buena
ventura porque ahora tú, valiente
girasol de tan ciega
mirada, tú me hacías mucha falta
con tu postura de perdón tras esa
campaña soleada
de altanería, a tierra

like a murderer. And he doesn't understand
the punishment of water, its simple
servitude; all he wants
is to be safe. That's why he doesn't know
it grows in him, like a fertile renewal,
in his frantic breathing,
which is live bait, love now hopeless,
a rich quarry. And, before the surprise
of such fertility,
he rushes and suspects;
he feels, deep down in the dark, that he's clean
forever, but he can't stand it;
and he looks, and searches, and flees,
and, on taking cover,
he enters soaked and free, and he takes shelter,
and breathes calmly in his ignorance
on seeing how his clothes
little by little dry out.

Sunflower

This pretty face,
this lap that was flower and gets
pregnant so soon and I want it, and now
I bring it close to me, and its luminous
simple rotation enters me,
its dance, which is a harvest,
through my soul this September
afternoon, of good
fortune because now you, courageous
sunflower, with such a blind
gaze, I really needed you
with your forgiving stance after that
sunny season
of haughtiness, bowing

la cabeza, vencida
por tanto grano, tan loca empresa.

Mala puesta

La luz entusiasmada de conquista
pierde confianza ahora,
trémula de impotencia y no se sabe
si es de tierra o de cielo. Se despoja
de su íntima ternura
y se retira lenta. ¿Qué limosna
sin regocijo? ¿Qué reposo seco
nos trae la tarde? ¿Qué misericordia
deja este sol de un grana desvaído?
¿Quién nos habló de la honda
piedad del cielo? Aún quedan
restos de la audaz forja
de la luz pero pocas
nuevas nos vienen de la vida: un ruido,
algún olor mal amasado, esta hosca
serenidad de puesta, cuando
lejos están los campos y aún más lejos
el fuego del hogar, y esta derrota
nuestra por cobardía o arrogancia,
por inercia o por gloria
como la de esta luz ya sin justicia
ni rebelión, ni aurora.

Dinero

¿Venderé mis palabras hoy que carezco de
utilidad, de ingresos, hoy que nadie me fía?
Necesito dinero para el amor, pobreza

your head, sagging
with so much grain, such a crazy venture.

Bad Sunset

The light, enthusiastic with conquest,
loses confidence now,
trembling with impotence, and one can't tell
if it belongs to the earth or the heavens. It takes off
its intimate tenderness
and retires slowly. What alms
without delight? What dry repose
does evening bring us? What mercy
does this sun of pale scarlet leave?
Who told us about the deep
pity of the heavens? There are still left
remains of the daring forging
of the light, but little
news comes to us about life: a noise,
some badly kneaded smell, this gloomy
tranquillity of sunset, when
the fields are far away, and even farther
the fire of hearth and home, and this defeat
of ours, due to cowardice or arrogance,
to inertia or glory
like that of this light now without justice
or rebellion, or dawn.

Money

Shall I sell my words today when I have
no use, no income, today when no one will give me credit?
I need money for love, poverty

para amar. Y el precio de un recuerdo, la subasta
de un vicio, el inventario de un deseo,
dan valor, no virtud, a mis necesidades,
amplio vocabulario a mis torpezas,
licencia a mi caliza
soledad. Porque el dinero, a veces, es el propio
sueño, es la misma
vida. Y su triunfo, su monopolio, da fervor,
cambio, imaginación, quita vejez y abre
ceños y multiplica los amigos,
y alza faldas y es miel
cristalizando luz, calor. No plaga, lepra
como hoy; alegría,
no frivolidad; ley,
no impunidad. ¿Voy a vender, entonces,
estas palabras? Rico de tanta pérdida,
sin maniobras, sin bolsa, aun sin tentación
y aun sin ruina dorada, ¿a qué la madriguera
de estas palabras que si dan aliento
no dan dinero? ¿Prometen pan o armas?
¿O bien, como un balance mal urdido,
intentan ordenar un tiempo de carestía,
dar sentido a una vida: propiedad o desahucio?

Nieve en la noche

Yo quiero ver qué arrugas
oculta esta doncella
máscara. Qué ruin tiña,
qué feroz epidemia
cela el rostro inocente
de cada copo. Escenas
sin vanidad se cubren
con andamiajes, trémulas
escayolas, molduras

for loving. And the price of a memory, the auction
of a vice, the inventory of a desire,
give value, not virtue, to my needs,
wide vocabulary to my maladroitness,
license to my chalky
solitude. Because money, sometimes, is dream
itself, it is life
itself. And its triumph, its monopoly, gives fervour,
change, imagination, takes old age away and uncreases
brows and multiplies friends,
and raises skirts, and it is honey
crystallizing light, heat. Not a plague, leprosy
like today; happiness,
not frivolity; law,
not impunity. Am I going, then, to sell
these words? Rich from so much loss,
without sleights-of-hand, without a stock market, even without temptation
and even without a golden ruin, for what purpose the den
of these words giving breath only
when not giving money? Do they promise bread or weapons?
Or rather, like a badly plotted assessment,
do they attempt to tidy up a time of dearth,
to give meaning to a life: ownership or eviction?

Snow in the Night

I want to see what wrinkles
this maidenly mask
conceals. What contemptible stinginess,
what fierce epidemic
hides the innocent face
of every snowflake. Scenes
without vanity are covered up
with scaffoldings, trembling
plaster casts, mouldings

de un instante. Es la feria
de la mentira: ahora
es mediodía en plena
noche, y se cicatriza
la eterna herida abierta
de la tierra y las casas
lucen con la cal nueva
que revoca sus pobres
fachadas verdaderas.

La nieve, tan querida
otro tiempo, nos ciega,
no da luz. Copo a copo,
como ladrón, recela
al caer. Cae temblando,
cae sin herirse apenas
con nuestras cosas diarias.
Tan sin dolor, su entrega
es crueldad. Cae, cae,
hostil al canto, lenta,
bien domada, bien dócil,
como sujeta a riendas
que nunca se aventuran
a conquistar. No riega
sino sofoca, ahoga
dando no amor, paciencia.

Y borró los caminos.
Y tú dices: «despierta,
que amanece». (Y es noche
muy noche.) Dices: «cierra,
que entra sol». Y no quiero
perder de nuevo ante esta
nevada. No, no quiero
mentirte otra vez. Tengo
que alzarle la careta
a este rostro enemigo

of an instant. It is the fair
of deceit: now
it is midday in full
night, and the eternal
open wound of the earth
is healed, and the houses
look good with the new whitewash
that renders their poor
true facades.

Snow, so dear
in other times, blinds us,
doesn't shine. Flake by flake,
like a thief, it is suspicious
when falling. It falls trembling,
falls hardly injuring itself
with our daily business.
So painless, its giving itself up
is cruelty. It falls, it falls,
hostile towards the song, slowly,
well tamed, very docile,
as if fastened to reins
that never dare
to conquer. It doesn't water
but suffocates, drowns
giving not love, but patience.

And it covered the roads.
And you say: 'Wake up,
it is dawning.' (And it is very late
at night). You say: 'Close up,
the sun's coming in.' And I don't want
to lose once again before this
snowfall. No, I don't want
to lie to you again. I must
raise the mask
from this enemy face

que me finge a mi puerta
la inocencia que vuelve
y el pie que deja huella.

Frente al mar
    Desde «Las Mayoas», Ibiza.
    A Carlos Bousoño

Transparente quietud. Frente a la tierra
rojiza, desecada hasta la entraña,
con aridez que es ya calcinación,
se abre el Mediterráneo. Hay pino bajo,
sabinas, pitas, y crece el tomillo
y el fiel romero tan austeramente
que apenas huelen si no es a salitre.
Quema la tramontana. Cae la tarde.
Verdad de sumisión, de entrega, de
destronamientos, desmoronamientos
frente al mar azul puro que en la orilla
se hace verde esmeralda. Vieja y nueva
erosión. Placas, láminas, cornisas,
acantilados y escolleras, ágil
bisel, estría, lucidez de roca
de milenaria permanencia. Aquí
la verdad de la piedra, nunca muda
sino en interna reverberación,
en estremecimiento de cosecha
perenne dando su seguro oficio,
su secreta ternura sobria junto
al mar que es demasiada criatura,
demasiada hermosura para el hombre.
Antiguo mar latino que no hoy no canta,
dice apenas, susurra, prisionero
de su implacable poderío, con
pulsación de sofoco, sin oleaje,

that dissembles at my door
the innocence that returns
and the foot that leaves a trace.

Facing the Sea

From 'Las Mayoas', Ibiza
To Carlos Bousoño

Transparent quiet. In front of the reddish
earth, dried up to its bowels,
with an aridity that is now burning,
the Mediterranean sea opens. There are low pine trees,
savins, pitas, and there thyme grows
and the faithful rosemary so austerely
that they hardly smell except of residual salt.
The tramontana burns. Evening falls.
Truth of submission, of surrender, of
deposings, decomposings
in front of the pure blue sea that on the shore
becomes emerald green. Old and new
erosion. Plates, laminae, ledges,
cliffs and breakwaters, agile
bevel, groove, lucidity of rock
of thousand-year-old endurance. Here
the truth of the stone, never mute
but in internal reverberation,
in a shivering of perennial
harvest, playing its reliable function,
its secret sober tenderness beside
the sea, which is too big a creature,
too much beauty for man.
Ancient Latin sea that doesn't sing today,
scarcely speaks, whispers, prisoner
of its own relentless power, with
a breathless beating, waveless,

casi en silencio de clarividencia
mientras el cielo se oscurece y llega,
maciza y seca, la última ocasión
para amar. Entre piedras y entre espumas,
¿qué es rendición y qué supremacía?
¿Qué nos serena, qué nos atormenta:
el mar terso o la tierra desolada?

Ciudad de meseta

Como por estos sitios
tan sano aire no hay pero no vengo
a curarme de nada.
Vengo a saber qué hazaña
vibra en la luz, qué rebelión oscura
nos arrasa hoy la vida.
Aquí ya no hay banderas,
ni murallas, ni torres, como si ahora
pudiera todo resistir el ímpetu
de la tierra, el saqueo
del cielo. Y se nos barre
la vista, es nuestro cuerpo
mercado franco, nuestra voz vivienda
y el amor y los años
puertas para uno y para mil que entrasen.
Sí, tan sin suelo siempre,
cuando hoy andamos por las viejas calles
el talón se nos tiñe
de la uva nueva y oímos
desbordar bien sé qué aguas
el rumoroso cauce del oído.

Es la alianza: este aire
montaraz con tensión de compañía.
Y a saber qué distancia

almost in a clairvoyant silence
while the sky grows dark and there comes,
massive and dry, the last chance
for loving. Amid stones and foams,
what is surrender and what supremacy?
What calms us, what torments us:
the smooth sea or the wasted land?

Town on the Plateau

There's no such healthy air
like the one around here, but I've come
to get cured of nothing.
I've come to know what deed
vibrates in the light, what dark uprising
razes our life today.
Here there are no banners any longer,
or walls, or towers, as if now
everything could resist the thrust
of the earth, the plundering
of the sky. And our sight
is swept away, our bodies are
a free market, our voices dwellings,
and love and old age
doors for one and for a thousand to enter.
Yes, so groundless always,
when today we walk through the old streets
our heels are stained
with a new grape, and we hear
I well know what waters overflowing
the murmuring channels of our ears.

It's the alliance: this untamed
air, tensed with company.
I wonder what distance

hay de hombre a hombre, de una vida a otra,
qué planetaria dimensión separa
dos latidos, qué inmensa lejanía
hay entre dos miradas
o de la boca al beso.
¿Para qué tantos planos
sórdidos, de ciudades bien trazadas
junto a ríos, fundadas
en la separación, en el orgullo
roquero?
Jamás casas: barracas,
jamás calles: trincheras,
jamás jornal: soldada.
¿De qué ha servido tanta
plaza fuerte, hondo foso, recia almena,
amurallado cerco?
El temor, la defensa,
el interés y la venganza, el odio,
la soledad: he aquí lo que nos hizo
vivir en vecindad, no en compañía.
Tal es la cruel escena
que nos dejaron por herencia. Entonces,
¿cómo fortificar aquí la vida
si ella es sólo alianza?

Heme ante tus murallas,
fronteriza ciudad a la que siempre
el cielo sin cesar desasosiega.
Vieja ambición que ahora
sólo admira el turista o el arqueólogo
o quien gusta de timbres y blasones.
Esto no es monumento
nacional sino luz de alta planicie,
aire fresco que riega el pulmón árido
y lo ensancha y lo hace
total entrega renovada, patria
a campo abierto. Aquí no hay costas, mares,

there is from man to man, from one life to another,
what planetary dimension separates
two pulses, what immense distance
there is between two gazes
or from a mouth to a kiss.
For what purpose so many squalid
maps, of well-outlined towns
next to rivers, founded
on separation, rock-based
haughtiness?
Never houses: barracks,
never streets: trenches,
never a day's wage: a soldier's pay.
For what have so many
strongholds, deep moats, solid battlements,
walled grounds served?
Fear, defence,
selfishness and vengeance, hatred,
solitude: Here is what made us
live in proximity, not in company.
Such is the cruel scene
that they bequeathed us. Then,
how are we to fortify life here
if it is merely alliance?

Here I am before your walls,
border town which always
the heavens constantly unnerves.
Old ambition that now
only the tourist or the archaeologist admires
or whoever likes crests or coats-of-arms.
This is no national
monument, but light from a high plateau,
fresh air that waters the arid lung
and expands it, and makes of it
a total, renewed devotion, homeland
in frank simplicity. Here there are no coasts, seas,

norte ni sur: aquí todo es materia
de cosecha. Y si dentro
de poco llega la hora de la ida,
adiós al fuerte anillo
de aire y oro de alianza, adiós al cerro
que no es baluarte sino compañía,
adiós a tantos hombres
hasta hoy sin rescate. Porque todo
se rinde en derredor y no hay fronteras,
ni distancia, ni historia.
Sólo el voraz espacio y el relente de octubre
sobre estos altos campos
de nuestra tierra.

north or south: here everything is food
for harvest. And if shortly
the time of leaving comes,
farewell to the strong ring
of air and gold of alliance, farewell to the hill
that is not a bastion but company,
farewell to so many men
with no rescue as yet. Because everything
surrenders all around and there are no borders,
or distance, or history.
Only voracious space and the October night-dew
above these high fields
of our land.

III

Un suceso

> *Bien est verté que j'ai amé*
> *et ameroie voulentiers...*
> François Villon

Tal vez, valiendo lo que vale un día,
sea mejor que el de hoy acabe pronto.
La novedad de este suceso, de esta
muchacha casi niña pero de ojos
bien sazonados ya y de carne a punto
de miel, de andar menudo, con su moño
castaño claro, su tobillo hendido
tan armoniosamente, con su airoso
pecho que me deslumbra más que nada
la lengua... Y no hay remedio, y la hablo ronco
como la gaviota, a flor de labio
(de mi boca gastada), y me emociono
disimulando ciencia e inocencia
como quien no distingue un abalorio
de un diamante, y la hablo de detalles
de mi vida, y la voz se me va, y me oigo
y me persigo, muy desconfiado
de mi estudiada habilidad, y pongo
cuidado en el aliento, en la mirada
y en las manos, y casi me perdono
al sentir tan preciosa libertad
cerca de mí. Bien sé que esto no es sólo
tentación. Cómo renuncio a mi deseo
ahora. Me lastimo y me sonrojo
junto a esta muchacha a la que hoy amo,
a la que hoy pierdo, a la que muy pronto
voy a besar muy castamente sin que
sepa que en ese beso va un sollozo.

III

An Event

> *Bien est verté que j'ai amé*
> *et ameroie voulentiers . . .*
>   François Villon

Perhaps, a day's worth being what it's worth,
it would be better if today ended soon.
The novelty of this event, of this
girl, almost a child but with fully-matured
eyes and flesh almost honey,
with delicate steps, with her light brown
hair-bun, her ankle cleft
so harmoniously, with her graceful
breast that dazzles my tongue
more than anything . . . And there is no choice, and I speak to her raucously
like a gull, with flirtatious remarks
(from my exhausted mouth), and I am moved
concealing knowledge and innocence
like one who can't tell a bauble
from a diamond, and I speak to her of details
of my life, and I lose my voice, and I hear myself
and pursue myself, very distrustful
of my studied cleverness, and I take
care with my breath, with my gaze
and with my hands, and I almost forgive myself
when I feel such precious freedom
near me. I know well that this is not only
temptation. Is this how I yield my desire
now? I pity myself and blush
beside this girl whom today I love,
whom today I lose, whom very soon
I'm going to kiss very chastely without
her knowing that in that kiss there's a sob.

En invierno es mejor un cuento triste

Conmigo tú no tengas
remordimiento, madre. Yo te doy lo único
que puedo darte ahora: si no amor,
sí reconciliación. Ya sé el fracaso,
la victoria que cabe
en un cuerpo. El caer, el arruinarse
de tantos años contra el pedernal
del dolor, el huir
con leyes a mansalva
que me daban razón, un cruel masaje
para alejarme de ti; historias
de dinero y de catres,
de alquileres sin tasa,
cuando todas mis horas eran horas de lobo,
cuando mi vida fue estar al acecho
de tu caída, de tu
herida, en la que puse,
si no el diente, tampoco
la lengua,
me dan hoy el tamaño
de mi pecado.

Sólo he crecido en esqueleto: mírame.
Asómate como antes
a la ventana. Tú no pienses nunca
en esa caña cruda que me irguió
hace dieciséis años. Tú ven, ven,
mira qué clara está la noche ahora,
mira que yo te quiero, que es verdad,
mira cómo donde hubo
parcelas hay llanuras,
mira a tu hijo que vuelve
sin camino y sin manta, como entonces,
a tu regazo con remordimiento.

In Winter a Sad Tale Is Better

With me, mother, don't feel
any remorse. I give you the only thing
I can give you now: if not love,
then reconciliation. I've learnt the failure,
the victory a body
can hold. The falling, the ruining
of so many years against the flint
of grief, the fleeing
with plenty of laws
that proved me right, a cruel massage
to distance myself from you; tales
of money and of single beds,
of rents with no tax,
when all my time was the small hours,
when my life was about lying in wait
for your fall, for your
wound, on which I placed,
if not my teeth, yet neither
my tongue,
tell me today the extent
of my sin.

I have grown only in skeleton: look at me.
Stick your head at the window
as before. Don't ever think
of that harsh rod that reared me
sixteen years ago. Come, come,
see how clear the night is now,
see that I love you, that it's true,
see how, where there were
parcels of land, there are plains,
see your son returning
off-course and uncovered, as then,
to your lap with remorse.

Cielo

Ahora necesito más que nunca
mirar al cielo. Ya sin fe y sin nadie,
tras este seco mediodía, alzo
los ojos. Y es la misma verdad de antes
aunque el testigo sea distinto. Riesgos
de una aventura sin leyendas ni ángeles,
ni siquiera ese azul que hay en mi patria.
Vale dinero respirar el aire,
alzar los ojos, ver sin recompensa,
aceptar una gracia que no cabe
en los sentidos pero les da nueva
salud, los aligera y puebla. Vale
por mi amor ese don, esta hermosura
que no merezco ni merece nadie.
Hoy necesito el cielo más que nunca.
No que me salve, sí que me acompañe.

Ajeno

Largo se le hace el día a quien no ama
y él lo sabe. Y él oye ese tañido
corto y duro del cuerpo, su cascada
canción, siempre sonando a lejanía.
Cierra su puerta y queda bien cerrada;
sale y, por un momento, sus rodillas
se le van hacia el suelo. Pero el alba,
con peligrosa generosidad,
le refresca y le yergue. Está muy clara
su calle y la pasea con pie oscuro,
y cojea en seguida porque anda
sólo con su fatiga. Y dice aire:
palabras muertas con su boca viva.
Prisionero por no querer abraza

Heavens

Now I need more than ever
to look at the heavens. Without faith or anybody now,
after this dry midday, I raise
my eyes. And it's the same truth as before
although it's a different witness. Risks
of an adventure without legends or angels,
or even that blue of my fatherland.
It's worth money breathing the air,
raising one's eyes, looking with no reward,
accepting a grace that doesn't fit
the senses but that gives them a new
health, lightens and inhabits them. It's worth
my love, this gift, this beauty
I don't deserve nor does anyone deserve.
Today I need the heavens more than ever.
Not to save me, but to keep me company.

Oblivious

Long is the day for him who doesn't love
and knows it. And he hears that short
and hard tolling of the body, its hoarse
song, always with a sound of distance.
He closes his door and it stays well closed;
he comes out and, for a minute, his knees
fall to the ground. But dawn,
with dangerous generosity,
refreshes and raises him. His street
is very clear and he walks it with a dark foot,
and hobbles off right away because he only
walks with his tiredness. And he speaks out air:
dead words with his living mouth.
A prisoner for not loving, he hugs

su propia soledad. Y está seguro,
más seguro que nadie porque nada
poseerá; y él bien sabe que nunca
vivirá aquí, en la tierra. A quien no ama,
¿cómo podemos conocer o cómo
perdonar? Día largo y aún más larga
la noche. Mentirá al sacar la llave.
Entrará. Y nunca habitará su casa.

Hacia un recuerdo

Bien sé yo cómo luce
la flor por la Sanabria,
cerca de Portugal, en tierras pobres
de producción y de consumo
mas de gran calidad de trigo y trino.
No es el recuerdo tuyo. Hoy es tan sólo
la empresa, la aventura,
no la memoria lo que busco. Es esa
tensión de la distancia,
el fiel kilometraje. No, no quiero
la duración, la garantía de una
imagen, hoy holgada y ya mañana
fruncida. Quiero ver aquel terreno,
pisar la ruta inolvidable, oír
el canto de la luz aquella, ver
cómo el amor, las lluvias
tempranas hoy han hecho
estos lodos, vivir
esa desenvoltura de la brisa
que allí corre. No, hoy no
lucho ya con tu cuerpo
sino con el camino que a él me lleva.
Quiero que mis sentidos,
sin ti, me sigan siendo de provecho.

his own solitude. And he feels safe,
safer than anybody because he won't possess
anything; and he well knows that never
will he live here, on earth. He who doesn't love,
how can we know him or forgive
him? A long day, and the night
even longer. He will tell a lie when getting the key out.
He will go in. And he will never dwell in his house.

Toward a Memory

I know well how brightly flowers
bloom throughout Sanabria,
near Portugal, in lands poor
in production and consumption,
but of great quality in wheat and warbling.
The memory is not yours. Today it's only
the undertaking, the adventure,
not the memory that I seek. It's that
tension of distance,
the faithful mileage. No, I don't want
duration, the guarantee of an
image, loose today but tomorrow already
creased. I want to see that land,
to tread that unforgettable route, to hear
the song of that light, to see
how love, how the early
rains today have made
this mud, to live
that ease of the breeze
that blows there. No, today I'm not
struggling with your body
but with the path that takes me to it.
I want my senses,
without you, to go on being helpful to me.

Entre una parada
y otra saludar a aquellos hombres
para ver lo que soy capaz de dar
y capaz de aceptar,
para ver qué desecho,
qué es lo que aún me es útil,
entrar en las ciudades, respirar
con aliento natal en ellas sean
las que fueren. No busco
masticar esta seca
tajada del recuerdo,
comprar esa quincalla, urdir tan pobre
chapuza. Busco el sitio, la distancia,
el hormigón vibrado y tenso, la única
compañía gentil, la que reúne
tanta vida dispersa. No tan sólo
tu carne que ahora ya arde como estopa
y de la que soy llama,
sino el calibre puro, el área misma
de tu separación y de la tierra.
De aquella tierra donde el sol madura
lo que no dura.

Un momento

Acostumbrados a los días, hechos
a su oscuro aposento palmo a palmo,
¿a qué nos viene ahora
este momento? Quién iba a esperarlo
y menos hoy aún lunes y tan lejos
de la flor del jornal. Y, sin embargo,
más que otras veces ahora es tan sencillo
hacer amigos. Basta un gesto llano
y esta región inmensa y sin conquista
que es el hombre, hela: nuestra. Tras tanto

Between one stop
and another greeting those men
to see what I am capable of giving
and capable of accepting,
to see what I turn down,
what is still useful to me,
going into towns, breathing
with a native breath in them, be they
whatever. I don't seek
to chew that dry
slice of memory,
to buy that trinket, to devise such a poor
botch-up. I seek the site, the distance,
the concrete vibrated and set, the only
courteous company, that which brings together
so much scattered life. Not just
your flesh, that is already burning like tow
and to which I am the flame,
but pure calibre, the very area
of your separation and of the land.
Of that land where the sun ripens
what doesn't endure.

A Moment

Accustomed to the days, accustomed
to their dark lodgings bit by bit,
how come this moment is approaching
us now? Who would have expected it,
and even less today, Monday, so far away
from the flower of the wages. And yet,
more than other times, it's so easy now
to make friends. An honest gesture is enough
and this immense and unconquered region
that is man, here it is: ours. After so many

concierto de cuartel he aquí la música
del corazón por un momento. Algo
luce tan de repente que nos ciega
pero sentimos que no luce en vano.
Acostumbrados a los días como
a la respiración, suena tan claro
este momento en nuestra sorda vida
que, ¿qué hay que hacer, si aún están los labios
sucios para besar, si aún están fríos
nuestros brazos?
¿Dónde, dónde hay que ir? ¿Fuera de casa
o aquí, aquí, techo abajo?

Ahora ya o todo o nada. De mí, de estos
amigos, de esta luz que no da abasto
para tanto vivir, de nuestros días
idos, de nuestro tiempo acribillado,
hay que sacar la huella aunque sea un trazo
tan sólo, un manchón lóbrego
de sombrío pulgar, aunque sea al cabo
por un momento, este de ahora, y nadie
jamás sea su amo
mientras, luz en la luz, se nos va. Y vuelve,
vuelve lo acostumbrado.

Tiempo mezquino

Hoy con el viento del Norte
me ha venido aquella historia.
Mal andaban por entonces
mis pies y peor mi boca
en aquella ciudad de hosco
censo, de miseria y de honra.
Entre la vieja costumbre
de rapiña y de lisonja,

barrack-concerts, here's the music
of the heart for a minute. Something
lights up so suddenly that it blinds us
but we feel it doesn't light up in vain.
Accustomed to the days like
breathing, this moment
sounds so clearly in our deaf life
that, what must we do, if our lips are still
dirty to kiss, if our arms are
still cold?
Where, where must we go? Out of the house
or here, here, under roof?

Now already everything or nothing. Of me,
of these friends, of this light that can't cope
with so much living, of our days
gone, of our time, riddled with holes,
a track must be found even if it's only
a trace, a gloomy blot
of a sombre thumb, even if it's only
for a moment, this one now, and no one
will ever be its master
while, light in the light, it's leaving us. And here it is,
here again is the accustomed.

Miserly Time

Today with the North wind
I've recalled that story.
Back then my feet were
going badly and my mouth even worse
in that town of a sullen
census, of misery and of honour.
Amid the old habit
of pillage and of flattery,

de pobre encuesta y de saldo
barato, iba ya muy coja
mi juventud. ¿Por qué lo hice?
Me avergüenzo de mi boca
no por aquellas palabras
sino por aquella boca
que besó. ¿Qué tiempo hace
de ello? ¿Quién me lo reprocha?
Un sabor a almendra amarga
queda, un sabor a carcoma;
sabor a traición, a cuerpo
vendido, a caricia pocha.

Ojalá el tiempo tan sólo
fuera lo que se ama. Se odia
y es tiempo también. Y es canto.
Te odié entonces y hoy me importa
recordarte, verte enfrente
sin que nadie nos socorra
y amarte otra vez y odiarte
de nuevo. Te beso ahora
y te traiciono ahora sobre
tu cuerpo. ¿Quién no negocia
con lo poco que posee?
Si ayer fue venta hoy es compra;
mañana, arrepentimiento.
No es la sola hora la aurora.

Adiós

Cualquier cosa valiera por mi vida
esta tarde. Cualquier cosa pequeña
si alguna hay. Martirio me es el ruido
sereno, sin escrúpulos, sin vuelta,
de tu zapato bajo. ¿Qué victorias

of a poor survey and of a cheap
balance, my youth was already
very lame. Why did I do it?
I'm ashamed of my mouth
not because of those words
but because of that mouth
it kissed. How long
since that? Who blames me for it?
A taste of bitter almond
remains, a taste of wood dust;
taste of betrayal, of sold
body, of over-ripe caress.

I wish time was the only
thing we love. We hate,
and that's also time. And it is song.
I hated you back then and today I care
to remember you, to see you before me
without anybody helping us
and loving you again and hating you
one more time. I kiss you now
and I betray you now over
your body. Who doesn't trade
whatever little he's got?
Yesterday it was selling, but it's buying today;
tomorrow, regret.
Dawn's not the only hour.

Farewell

My life would be worth anything
this afternoon. Any trifle
if there is any. It's torture to me hearing
the calm, qualmless, no-return noise
of your low shoe. What victories

busca el que ama? ¿Por qué son tan derechas
estas calles? Ni miro atrás ni puedo
perderte ya de vista. Ésta es la tierra
del escarmiento: hasta los amigos
dan mala información. Mi boca besa
lo que muere, y lo acepta. Y la piel misma
del labio es la del viento. Adiós. Es útil,
normal este suceso, dicen. Queda
tú con las cosas nuestras, tú, que puedes,
que yo me iré donde la noche quiera.

Noche abierta

Bienvenida la noche para quien va seguro
y con los ojos claros mira sereno el campo,
y con la vida limpia mira con paz el cielo,
su ciudad y su casa, su familia y su obra.

Pero a quien anda a tientas y ve sombra, ve el duro
ceño del cielo y vive la condena de su tierra
y la malevolencia de sus seres queridos,
enemiga es la noche y su piedad acoso.

Y aún más en este páramo de la alta Rioja
donde se abre con tanta claridad que deslumbra,
palpita tan cercana que sobrecoge y muy
en el alma se entra, y la remueve a fondo.

Porque la noche siempre, como el fuego, revela,
refina, pule el tiempo, la oración y el sollozo,
da tersura al pecado, limpidez al recuerdo,
castigando y salvando toda una vida entera.

Bienvenida la noche con su peligro hermoso.

does he who loves seek? Why are these streets
so straight? I neither look back nor can
lose sight of you any longer. This is the land
of lessons learnt: even friends
misinform. My mouth kisses
what dies, and accepts it. And the lip's
very skin is the wind's. Farewell. It's useful,
normal, this event, they say. Keep
these things of ours for yourself, you who can,
for I will go wherever the night wants.

Night Wide Open

Welcome is the night for him who goes assuredly
and looks calmly with clear eyes at the countryside,
and with a clean life looks peacefully at the heavens,
his town and his house, his family and his work.

But for whomever gropes along and sees shadow, sees the hard
brow of the heavens and lives the condemnation of his land
and the malevolence of his loved ones,
an enemy is the night and its pity, pursuit.

And even more on this highland of the upper Rioja
where it opens wide with so much clarity it dazzles,
throbs so near it startles and in the very
depths of the soul enters, and stirs it profoundly.

Because night always, like fire, reveals,
refines, polishes time, prayer, and sobbing,
it gives burnish to sin, limpidity to memory,
punishing and saving an entire life.

Welcome is the night with its beautiful danger.

Como el son de las hojas del álamo

El dolor verdadero no hace ruido.
Deja un susurro como el de las hojas
del álamo mecidas por el viento,
un rumor entrañable, de tan honda
vibración, tan sensible al menor roce,
que puede hacerse soledad, discordia,
injusticia o despecho. Estoy oyendo
su murmurado son que no alborota
sino que da armonía, tan buido
y sutil, tan timbrado de espaciosa
serenidad, en medio de esta tarde,
que casi es ya cordura dolorosa,
pura resignación. Traición que vino
de un ruin consejo de la seca boca
de la envidia. Es lo mismo. Estoy oyendo
lo que me obliga y me enriquece a costa
de heridas que aún supuran. Dolor que oigo
muy recogidamente como a fronda
mecida sin buscar señas, palabras
o significación. Música sola,
sin enigmas, son solo que traspasa
mi corazón, dolor que es mi victoria.

Un olor

¿Qué clara contraseña
me ha abierto lo escondido? ¿Qué aire viene
y con delicadeza cautelosa
deja en el cuerpo su honda carga y toca
con tino vehemente ese secreto
quicio de los sentidos donde tiembla
la nueva acción, la nueva
alianza? Da dicha

Like the Sound of the Poplar Leaves

True grief makes no noise.
It leaves a whisper like that of the poplar
leaves swayed by the wind,
a fond rumour, resounding
so deeply, so sensitive to the least brushing,
that it can become loneliness, discord,
injustice, or spite. I am hearing
its muttered sound, that doesn't disturb
but gives harmony, so honed
and subtle, so well-pitched with spacious
tranquillity, in the middle of this afternoon,
that it's almost now painful reasoning,
pure resignation. A betrayal that came
from the vile advice of the dry mouth
of envy. It's just like that. I am hearing
what compels me and enriches me, at the cost
of sores that still fester. Pain that I listen to
very quietly, as to swaying
foliage, without looking for signs, words,
or meaning. Just music,
without enigmas, just sound that pierces
my heart, pain that is my victory.

A Smell

What bright password
has opened the hidden to me? What air comes
and with cautious delicacy
it leaves on my body its heavy load and touches
with vehement aim that secret
jamb of the senses where trembles
the new action, the new
alliance? This event

y ciencia a este suceso. Y da aventura
en medio de hospitales,
de bancos y autobuses a la diaria
rutina. Ya han pasado
los años y aún no puede
pagar todas sus deudas
mi juventud. Pero ahora
este tesoro, este
olor, que es mi verdad,
que es mi alegría y mi arrepentimiento,
me madura y me alza.

Olor a sal, a cuero y a canela,
a lana burda y a pizarra, acaso
algo ácido, transido
de familiaridad y de sorpresa.
¿Qué materia ha cuajado
en la ligera ráfaga que ahora
trae lo perdido y trae
lo ganado, trae tiempo
y trae recuerdo y trae
libertad y condena?
Gracias doy a este soplo
que huele a un cuerpo amado y a una tarde
y a una ciudad, a este aire
íntimo de erosión que cala a fondo
y me trabaja silenciosamente
dándome aroma y tufo.
A este olor que es mi vida.

brings joy and knowledge. And it brings adventure
amid the hospitals,
the banks and the buses of daily
routine. Years have
passed by and my youth
cannot pay all its debts
yet. But now
this treasure, this
smell, which is my truth,
which is my happiness and my repentance,
ripens and raises me up.

Smell like salt, like leather and cinnamon,
like coarse wool and slate, perhaps
something sour, racked
with familiarity and surprise.
What matter has curdled
in the light gust that now
brings what was lost and brings
what is gained, and brings time
and brings memory, and brings
freedom and condemnation?
I thank this gust
that smells like a beloved body and like an afternoon
and like a town, this air
intimate with erosion, that pierces to the bone
and works at me silently
giving me aroma and stench.
To this smell that is my life.

Sin leyes

> *Ya cantan los gallos,*
> *amor mío. Vete:*
> *cata que amanece.*
>   Anónimo

En esta cama donde el sueño es llanto,
no de reposo, sino de jornada,
nos ha llegado la alta noche. ¿El cuerpo
es la pregunta o la respuesta a tanta
dicha insegura? Tos pequeña y seca,
pulso que viene fresco ya y apaga
la vieja ceremonia de la carne
mientras no quedan gestos ni palabras
para volver a interpretar la escena
como noveles. Te amo. Es la hora mala
de la cruel cortesía. Tan presente
te tengo siempre que mi cuerpo acaba
en tu cuerpo moreno por el que una
vez más me pierdo, por el que mañana
me perderé. Como una guerra sin
héroes, como una paz sin alianzas,
ha pasado la noche. Y yo te amo.
Busco despojos, busco una medalla
rota, un trofeo vivo de este tiempo
que nos quieren robar. Estás cansada
y yo te amo. Es la hora. ¿Nuestra carne
será la recompensa, la metralla
que justifique tanta lucha pura
sin vencedores ni vencidos? Calla,
que yo te amo. Es la hora. Entra ya un trémulo
albor. Nunca la luz fue tan temprana.

Lawless

> *The cocks are crowing,*
> *my love. Go now:*
> *see that it's dawning.*
>   ANONYMOUS

In this bed where sleep is crying,
not for rest, but for a day's work,
the small hours have come to us. Is the body
the question or the answer to so much
uncertain joy? Small and dry cough,
pulse that's coming fresh now and switches off
the old ceremony of flesh
while there are no gestures or words left
to play the scene once more
as new actors. I love you. It's the bad time
of cruel courtesy. I always have you
so present that my body ends
in your young body through which once
again I lose myself, through which tomorrow
I'll lose myself. Like a war without
heroes, like a peace without alliances,
the night is gone. And I love you.
I look for wrecks, I look for a broken
medal, a living trophy of this time
they want to steal from us. You're tired
and I love you. It's the time. Will our flesh
be the reward, the shrapnel
that will justify so much pure fighting
without winners or losers? Keep quiet,
for I love you. It's the time. A tremulous first light
of day is showing. Never before was light so early.

Amanecida

Dentro de poco saldrá el sol. El viento,
aún con su fresca suavidad nocturna,
lava y aclara el sueño y da viveza,
incertidumbre a los sentidos. Nubes
de pardo ceniciento, azul turquesa,
por un momento traen quietud, levantan
la vida y engrandecen su pequeña
luz. Luz que pide, tenue y tierna, pero
venturosa, porque ama. Casi a medio
camino entre la noche y la mañana,
cuando todo me acoge, cuando hasta
mi corazón me es muy amigo, ¿cómo
puedo dudar, no bendecir el alba
si aún en mi cuerpo hay juventud y hay
en mis labios amor?

Lo que no es sueño

Déjame que te hable en esta hora
de dolor con alegres
palabras. Ya se sabe
que el escorpión, la sanguijuela, el piojo,
curan a veces. Pero tú oye, déjame
decirte que, a pesar
de tanta vida deplorable, sí,
a pesar y aun ahora
que estamos en derrota, nunca en doma,
el dolor es la nube,
la alegría, el espacio,
el dolor es el huésped,
la alegría, la casa.
Que el dolor es la miel,
símbolo de la muerte, y la alegría

Daybreak

The sun will come out very soon. The wind,
still carrying its fresh night mildness,
washes and rinses sleep and gives liveliness
and uncertainty to the senses. Greyish-brown,
turquoise-blue clouds
bring quietness for a while, raise
life and expand its small
light. A demanding light, faint and tender, but
happy, because it loves. Almost halfway
between the night and the morning,
when everything welcomes me, when even
my heart's my good friend, how
can I doubt and not bless dawn
if in my body there's still youth and there's
love on my lips?

What Is Not a Dream

Let me speak to you, at this time
of grief, with happy
words. Everyone knows
that the scorpion, the leech, the louse,
sometimes cure. But listen, you, let me
say to you that despite
so many deplorable lives, indeed,
despite and even now
that we are defeated, never under control,
grief is the cloud;
happiness, space;
grief is the guest;
happiness, home.
Grief is the honey,
symbol of death, and happiness

es agria, seca, nueva,
lo único que tiene
verdadero sentido.
Déjame que con vieja
sabiduría, diga:
a pesar, a pesar
de todos los pesares
y aunque sea muy dolorosa y aunque
sea a veces inmunda, siempre, siempre
la más honda verdad es la alegría.
La que de un río turbio
hace aguas limpias,
la que hace que te diga
estas palabras tan indignas ahora,
la que nos llega como
llega la noche y llega la mañana,
como llega a la orilla
la ola:
irremediablemente.

Una luz

Esta luz cobre, la que más me ayuda
en tareas de amor y de sosiego,
me saca fuerzas de flaqueza. Este
beneficio que de vicioso aliento
hace rezo, cariño de lascivia,
y alza de la ceniza llama, y da
a la sal alianza; estos minutos
que protegen, montan y ensamblan treinta
años, poniendo en ellos sombra y mimo,
perseverancia y humildad y agudo
sacrificio, esta gracia, esta hermosura,
esta tortura que me da en la cara,
luz tan mía, tan fiel siempre y tan poco
duradera, por la que sé que soy

is bitter, dry, new,
the only thing that has
true meaning.
Let me, with an old
wisdom, say:
in spite, in spite
of everything
and though it may be very painful, and though
it may at times be revolting, always, always
the deepest truth is happiness.
The one that from a turbid river
produces clean water,
who makes me say to you
these words so unworthy now,
who reaches us
as night and morning reach us,
as the wave reaches
the shore:
irremediably.

A Light

This copper light, the one that helps me most
in the works of love and of calmness,
makes me screw up my courage. This
benefit that makes a prayer out of
a depraved breath, affection out of lust,
and raises the ash of the flame, and gives
alliance to salt; these minutes
that protect, pile up and assemble thirty
years, laying on them shade and loving care,
perseverance and humility and great
sacrifice, this grace, this beauty,
this torture that hits my face,
my very light, always so faithful and so little
durable, for which I know my

sencillo de reseña, por la que ahora
vivo sin andamiajes, sin programas,
sin repertorios. A esta luz yo quiero,
de tan cárdena, cobre. Luz que toma
cuerpo en mí, tiempo en mí, luz que es mi vida
porque me da la vida: lo que pido
para mi amor y para mi sosiego.

Un bien

A veces, mal vestido un bien nos viene;
casi sin ropa, sin acento, como
de una raza bastarda. Y cuando llega
tras tantas horas deslucidas, pronto
a dar su gracia, no sabemos nunca
qué hacer ni cómo saludar ni cómo
distinguir su hacendoso laboreo
de nuestra poca maña. ¿Estamos sordos
a su canción tan susurrada, pobre
de notas? Quiero ver, pedirte ese oro
que cae de tus bolsillos y me paga
todo el vivir, bien que entras silencioso
en la esperanza, en el recuerdo, por
la puerta de servicio, y eres sólo
el temblor de una hoja, el dar la mano
con fe, la levadura de estos ojos
a los que tú haces ver las cosas claras,
lejanas de su muerte, sin el moho
de su destino y su misterio. Pisa
mi casa al fin, recórrela, que todo
te esperaba. Yo quiero que tu huella
pasajera, tu visitarme hermoso,
no se me vayan más, como otras veces
que te volví la cara en un otoño
cárdeno, como el de hoy, y te dejaba
morir en tus pañales luminosos.

description is simple, for which I now
live without scaffolding, without programmes,
without a repertoire. I love this light,
so purple that it is copper. A light that
takes shape in me, time in me, light that's my life
because it gives me life: what I demand
for my love and for my calmness.

A Good

Sometimes, badly-dressed, some good comes to us;
almost without clothes, without an accent, as if
from a bastard race. And when it arrives
after so many dull hours, ready
to give its grace, we never know
what to do or how to greet or how
to distinguish its hard-working cultivation
from our little skill. Are we deaf
to its song, so whispered, poor
in notes? I want to see, ask you for that gold
that falls from your pockets and pays for
my whole living, you, good that go silently
into hope, into memory, through
the service entrance, and you're only
the trembling of a leaf, shaking hands
with faith, the yeast of these eyes
for which you clear things up,
far away from their death, without the mildew
of their fate and their mystery. Step into
my house at last, go round it, for everything
was waiting for you. I want your fleeting
footstep, your beautiful visiting me,
not to leave me again, like those other times
when I looked away from you in a purple
autumn, like this one today, and I let you
die in your luminous nappies.

IV

Oda a la niñez

I

¿Y ésta es tu bienvenida,
marzo, para salir de casa alegres:
con viento húmedo y frío de meseta?
Siempre ahora, en la puerta,
y aún a pesar nuestro, vuelve, vuelve
este destino de niñez que estalla
por todas partes: en la calle, en esta
voraz respiración del día, en la
sencillez del primer humo sabroso,
en la mirada, en cada laboreo
del hombre.
Siempre así, de vencida,
sólo por miedo a tal castigo, a tal
combate, ahora hacemos
confuso vocerío por ciudades,
por fábricas, por barrios
de vecindad. Mas tras la ropa un tiemblo
nos tañe y al salir por tantas calles
sin piedad y sin bulla
rompen claras escenas
de amanecida y tantos
sucios ladrillos sin salud se cuecen
de intimidad de lecho y guiso. Entonces,
nada hay que nos aleje
de nuestro hondo oficio de inocencia;
entonces, ya en faena,
cruzamos esta plaza con pie nuevo
y, aun entre la ventisca, como si en junio fuera,
se abre nuestro pulmón trémulo de alba
y, como a mediodía,

IV

Ode to Childhood

I

And is this your welcome,
March, to leave home happily:
with the damp and cold wind of the plateau?
Always now, at the door,
and much to our sorrow, here returns, returns
this childhood fate that explodes
everywhere: in the street, in this
voracious breathing of the day, in the
simplicity of the first savoury smoke,
in the gaze, in each labour
of man.
Always so, diminished,
only for fear of a certain punishment, of a certain
combat, now we make
a confused shouting through towns,
through factories, through districts
of neighbourhoods. But beneath our clothes a trembling
rings us, and on going out through so many streets
without pity and without uproar
clear scenes of dawn
break, and so many
unhealthy dirty bricks are cooked
in the intimacy of bed and stew. Then,
there is nothing that take us away
from our deep dedication to innocence;
then, already hard at work,
we cross this town-square with a new foot
and, even amid this blizzard, as if it were June,
our quivering lung of dawn opens
and, as at midday,

ricos son nuestros ojos
de oscuro señorío.

II

Muchos hombres pasaron junto a nosotros, pero
no eran de nuestro pueblo.
Arrinconadas vidas dejan por estos barrios,
ellos, que eran el barrio sin murallas.
Miraron, y no vieron; ni verdad ni mentira
sino vacía bagatela
desearon, vivieron. Culpa ha sido
de todos el que oyesen
tan sólo el ciego pulso
de la injusticia, la sangrienta marcha
del casco frío del rencor. La puesta
del sol fue sólo puesta
del corazón. ¿Qué hacen ahí las palmas
de esos balcones sin el blanco lazo
de nuestra honda orfandad? ¿Qué este mercado
por donde paso ahora,
los cuarteles, las fábricas, las nubes,
la vida, el aire, todo,
sin la borrasca de nuestra niñez
que alza ola para siempre?
Siempre al salir pensamos
en la distancia, nunca
en la compañía. Y cualquier sitio es bueno
para hacer amistades.
Aunque hoy es peligroso. Mucho polvo
entre los pliegues de la propaganda
hay. Cuanto antes
lleguemos al trabajo, mejor. Mala
bienvenida la tuya, marzo. Y nuestras calles,
claras como si dieran a los campos,
¿adónde dan ahora? ¿Por qué todo es infancia?

our eyes are rich
with dark nobility.

II

Many men have passed next to us, but
they were not from our village.
They leave cornered lives through these neighbourhoods,
they, who were the neighbourhood without walls.
They looked, but did not see; they desired, they lived
neither truth nor lie
but an empty trifle. They're all
to blame for only
hearing the blind pulse
of injustice, the bloody march
of the cold hoof of rancour. The sun
setting was just the heart's
setting. Why are the palm leaves
on those balconies without the white bow
of our deep orphanhood? What this market
through which I am passing now,
the barracks, the factories, the clouds,
life, air, everything,
without the squall of our childhood
that raises a wave forever?
Always on leaving we think
of the distance, never
of the company. And any place is a good one
to make friends.
Though it's dangerous today. There settles
much dust amid the folds of
propaganda. The sooner
we get to work, the better. Yours is
an evil welcome, March. And our streets,
clear as if they led to the countryside,
where are they leading now? Why is everything childhood?

Mas ya la luz se amasa,
poco a poco enrojece, el viento templa
y en sus cosechas vibra
un grano de alianza, un cabeceo
de los inmensos pastos del futuro.

III

Una verdad se ha dicho sin herida,
sin el negocio sucio
de las lágrimas,
con la misma ternura con que se da la nieve.
Ved que todo es infancia.
La fidelidad de la tierra,
la presencia del cielo insoportable
que se nos cuela aquí, hasta en la cazalla
mañanera, los días
que amanecen con trinos y anochecen
con gárgaras, el ruido
del autobús que por fin llega, nuestras
palabras que ahora,
al saludar, quisieran
ser panales y son
telas de araña, nuestra
violencia hereditaria
la droga del recuerdo, la alta estafa del tiempo,
la dignidad del hombre
que hay que abrazar y hay
que ofrecer y hay
que salvar aquí mismo,
en medio de esta lluvia fría de marzo . . .
Ved que todo es infancia:
la verdad que es silencio para siempre.
Años de compra y venta,
hombres llenos de precios,
los pregones sin voz, las turbias bodas,

But now the light mixes,
it reddens gradually, the wind warms up
and a grain of alliance
vibrates in its harvests, a swaying
of the immense pastures of the future.

III

A truth has been uttered without wounds,
without the dirty business
of tears,
with the same tenderness with which snow yields itself.
See that everything is childhood.
The faithfulness of the earth,
the presence of the unbearable sky
that sneaks in here, even into the morning
fire-water, the days
that dawn with chirps and set
with gargles, the noise
of the bus finally arriving, our
words that now,
on greeting, would like
to be honeycombs but are
spider webs, our
hereditary violence,
the drug of memory, the lofty swindle of time,
man's dignity
which needs to be embraced and needs
to be offered up and needs
to be saved right here,
amid this March cold rain . . .
See that everything is childhood:
the truth that is silence forever.
Years of buying and selling,
men full of prices,
the voiceless proclamations, the shady weddings,

nos trajeron el miedo a la gran aventura
de nuestra raza, a la niñez. Ah, quietos,
quietos bajo ese hierro
que nos marca, y nos sana, y nos da amo.
Amo que es servidumbre, bridas que nos hermanan.

IV

Y nos lo quitarán todo
menos estas
botas de siete leguas.
Aquí, aquí, bien calzadas
en nuestros sosos pies de paso corto.
Aquí, aquí, estos zapatos
diarios, los de la ventana
del seis de enero.
Y nos lo quitarán todo
menos el traje sucio
de comunión, éste, el de siempre, el puesto.
Lo de entonces fue sueño. Fue una edad. Lo de ahora
no es presente o pasado,
ni siquiera futuro: es el origen.
Ésta es la única hacienda
del hombre. Y cuando estamos
llegando y ya la lluvia
zozobra en nubes rápidas y se hunde
por estos arrabales
trémula de estertores luminosos,
bajamos la cabeza
y damos gracias sin saber qué es ello
qué es lo que pasa, quién a sus maneras
nos hace, qué herrería,
qué inmortal fundición es ésta. Y nadie,
nada hay que nos aleje
de nuestro oficio de felicidad
sin distancia ni tiempo.

put into us the fear of our race's
great adventure, of childhood. Ah, quiet,
quiet beneath that iron
that brands us, and cures us, and gives us a master.
A master who is servitude, reins that join us.

IV

And they'll take it all away from us
except these
seven-league boots.
Here, here, well shod
on our dull feet of short steps.
Here, here, these daily
shoes, those in the window
on the sixth of January.
And they'll take it all away from us
except the dirty suit
of Communion, this one, the same old one, this one we're wearing.
That back then was a dream. It was a certain age. This now
is neither present nor past,
nor even future: it is the origin.
This is man's only
property. And when we're
arriving and already the rain
founders on fast clouds and sinks
through these slums
tremulous with bright death throes,
we bow our head
and give thanks without knowing what it is,
what's happening, who's making us
in his own image, what forge,
what immortal foundry this is. And no one,
there is nothing that will move us away
from our trade of happiness
without distance or time.

Es el momento ahora
en el que, quién lo diría, alto, ciego, renace
el sol primaveral de la inocencia,
ya sin ocaso sobre nuestra tierra.

Oda a la hospitalidad

I

En cualquier tiempo y en cualquier terreno
siempre hay un hombre que
anda tan vagabundo como el humo,
bienhechor, malhechor,
bautizado con la agria
leche de nuestras leyes. Y él encuentra
su salvación en
la hospitalidad.
Como la ropa atrae a la polilla,
como el amor a toda
su parentela de lujuria y gracia,
de temor y de dicha,
así una casa le seduce. Y no
por ser panal o ancla
sino por ese oscuro
divorcio entre el secuestro de sus años,
la honda cautividad del tiempo ido
ahí, entre las paredes,
y su maltrecha libertad de ahora.
Forastero, ve cómo
una vieja mentira se hace una verdad nueva.
Ve el cuerpo del engaño
y lo usa: esa puerta
que, al abrirse, rechina
con cruel desconfianza, con amargo reproche;
esa ventana donde

Now is the moment
in which, who would have thought, high, blind,
the springtime sun of innocence is reborn,
now without sunset over our land.

Ode to Hospitality

I

In any time and in any land
there's always a man who
walks as vagrantly as smoke,
benefactor, malefactor,
baptised with the sour
milk of our laws. And he finds
his salvation
in hospitality.
As clothes attract the moth,
as love attracts all
its relatives of lust and grace,
of fear and of joy,
so a house seduces him. And not
for being a honeycomb or an anchor,
but for that dark
divorce between the abduction of his years,
the deep captivity of time past
there, cooped in,
and his battered liberty of today.
A stranger, he sees how
an old lie becomes a new truth.
He sees the body of deceit
and uses it: that door
which, on opening, creaks
with cruel distrust, with bitter reproach;
that window where

la flor quemada del almendro aún deja
primavera, y le es muro,
y su cristal esclavitud, las tejas
ya sin musgo ni fe,
el mobiliario de diseño tan
poco amigo, la loza
fría y rebelde cuando
antes le fue recreo y muchas veces
hasta consuelo, el cuarto familiar
de humildad agresiva, recogiendo,
malogrando
lo que una boca muy voluble y muy
dolorosa, hace años
pronunció, silenció, besó . . . Ésta es la lucha, éste
es el tiempo, el terreno
donde él ha de vencer si es que no busca
recuerdos y esperanzas
tan sólo. Si es que busca
fundación, servidumbre.

II

Y hoy, como la lluvia
lava la hoja, esta mañana clara,
tan abrileña prematuramente,
limpia de polvo y de oropeles tanto
tiempo, y germina y crea
casi un milagro de hechos y sucesos,
y remacha y ajusta
tanta vida ambulante, tanta fortuna y fraude
a través de los días
purificando rostros y ciudades,
dando riqueza a una menesterosa
juventud, preparando,
situando el vivir. ¿Mas alguien puede
hacer de su pasado

the burnt flower of the almond-tree still leaves
springtime, and is a wall to him,
and its glass slavery, the roof-tiles
now without moss or faith,
the designer furniture so
unfriendly, the crockery
cold and rebellious, when
it used to be recreation and many a time
even solace, the living-room
of aggressive humility, gathering,
ruining
what, years ago, a very fickle and very
distressing mouth
uttered, silenced, kissed . . . This is the struggle, this
is the time, the land
where he must conquer, unless he merely seeks
memories and hopes
and nothing else. If he's really seeking
foundation, servitude.

II

And today, as the rain
washes the leaf, this clear morning,
so prematurely April-like,
cleanses of dust and of tinsel so much
time, and germinates, and creates
almost a miracle of deeds and events,
and rivets and adjusts
so much travelling life, so much good luck and fraud
throughout the days
purifying faces and towns,
making a needy youth
richer, preparing,
moving up the life. But, can anyone
turn his own past into

simple materia de revestimiento:
cera, laca, barniz, lo que muy pronto
se marchita, tan pronto
como la flor del labio?
¿O bien ha de esperar a estar con esos
verdaderos amigos, los que darán sentido
a su vida, a su tierra y a su casa?

III

Es la hospitalidad. Es el origen
de la fiesta y del canto.
Porque el canto es tan sólo
palabra hospitalaria: la que salva
aunque deje la herida. Y el amor es tan sólo
herida hospitalaria, aunque no tenga cura,
y la libertad cabe
en una humilde mano hospitalaria,
quizá dolida y trémula
mas fundadora y fiel, tendida en servidumbre
y en confianza, no en
sumisión o dominio.
A pesar de que hagamos
de convivencia técnicas
de opresión y medidas
de seguridad y
de la hospitalidad hospicios, siempre
hay un hombre sencillo y una mañana clara,
con la alta transparencia de esta tierra,
y una casa, y una hora
próspera. Y este hombre
ve en torno de la mesa
a sus seres queridos. No pregunta
sino invita, no enseña
vasos de pesadumbre ni vajilla de plata.
Apenas habla y menos

the simple covering material:
wax, lacquer, varnish, that which very soon
fades, as soon
as the lip of the flower?
Or rather, must he wait to be with those
true friends, those who will give meaning
to his life, to his land, and to his home?

III

It is hospitality. It is the origin
of festivity and of song.
Because song is only
a hospitable word: that which saves
though it leaves a wound. And love is just
a hospitable wound, though it has no cure,
and freedom fits
in a humble, hospitable hand,
perhaps sore and tremulous
but founding and faithful, held out in servitude
and in trust, not in
surrender or control.
Despite our making techniques
of oppression and measures
of safety
out of coexistence, and
orphanages out of hospitality, always
there's a simple man and a clear morning,
with the high transparency of this land,
and a house, and a prosperous
hour. And this man
sees around his table
his loved ones. He doesn't ask,
but invites, he doesn't display
glasses of grief or silver crockery.
He barely speaks, and much less

de su destierro.
Lo que esperó lo encuentra
y lo celebra, lejos
el incienso y la pólvora,
aquel dinero, aquel resentimiento.
Ahora su patria es esta generosa
ocasión y, sereno,
algo medroso ante tal bien, acoge
y nombra, uno por uno,
a sus amigos sin linaje, de
nacimiento. Ya nunca
forastero, en familia,
no con docilidad, con aventura,
da las gracias muy a solas,
como mendigo. Y sabe,
comprende al fin. Y mira alegremente,
con esa intimidad de la llaneza
que es la única eficacia,
los rostros y las cosas,
la verdad de su vida
recién ganada aquí, entre las paredes
de una juventud libre y un hogar sin fronteras.

of his exile.
What he hoped for, he finally finds
and he celebrates it, away from
incense and powder,
that money, that resentment.
Now his fatherland is this generous
occasion and, calmly,
somewhat fearfully before such goodness, he welcomes
and names, one by one,
his friends without lineage, since
birth. Now never
a stranger, like at home,
not obediently, adventurously,
he gives thanks very much alone,
like a beggar. And he knows,
he understands at last. And he looks happily,
with the intimacy of naturalness
that is the only efficiency,
at the faces and things,
the truth of his life
he has just obtained here, amid the walls
of a free youth and a home without borders.

El vuelo de la celebración

[1976]

The Flight of Celebration

[1976]

I

Herida en cuatro tiempos

I
AVENTURA DE UNA DESTRUCCIÓN

Cómo conozco el algodón y el hilo de esta almohada
herida por mis sueños,
sollozada y desierta,
donde crecí durante quince años.
Sí, en esta almohada desde la que mis ojos
vieron el cielo
y la pureza de la amanecida
y el resplandor nocturno
cuando el sudor, ladrón muy huérfano, y el fruto transparente
de mi inocencia, y la germinación del cuerpo
eran ya casi bienaventuranza.

La cama temblorosa
donde la pesadilla se hizo carne,
donde fue fértil la respiración,
audaz como la lluvia,
con su tejido luminoso y sin ceniza alguna.

Y mi cama fue nido
y ahora es alimaña;
ya su madera sin barniz, oscura,
sin amparo.

No volveré a dormir en este daño, en esta
ruina,
arropado entre escombros, sin embozo,
sin amor ni familia:
entre la escoria viva.
Y al mismo tiempo quiero calentarme

I

A Wound in Four Times

I
ADVENTURE OF A DESTRUCTION

How well I know the cotton and the thread of this pillow
wounded by my dreams,
bewept and deserted,
where I grew up for fifteen years.
Indeed, it was on this pillow from which my eyes
saw the sky
and the purity of dawn
and the night's splendour
when sweat, a very orphaned thief, and the transparent fruit
of my innocence, and the germination of the body
were already almost joy.

The trembling bed
where the nightmare became flesh,
where breathing was fertile,
audacious as the rain,
with its bright fabric and with no ash.

And my bed was a nest
and now it's vermin;
its wood now without varnish, dark,
without protection.

I won't sleep again in this hurt, in this
ruin,
wrapped in debris, without a turndown,
without love or family:
amid the red-hot slags.
And at the same time I want to get warm

en ella, ver
cómo amanece, cómo
la luz me da en la cara, aquí, en mi cama.
La vuestra, padre mío, madre mía,
hermanos míos,
donde mi salvación fue vuestra muerte.

II

EL SUEÑO DE UNA PESADILLA

El tiempo está entre tus manos:
tócalo, tócalo. Ahora anochece y hay
pus en el olor del cuerpo, hay alta marea
en el mar del dormir, y el surco abierto
entre las sábanas.
La cruz de las pestañas
a punto de caer, los labios hasta el cielo del techo,
hasta la melodía de la espiga,
hasta esta lámpara de un azul ya pálido,
en este cuarto que se me va alzando
con la ventana sin piedad,
maldita y olorosa, traspasada de estrellas.
Y en mis ojos la estrella, aquí, doliéndome,
ciñéndome, habitándome astuta
en la noche de la respiración, en el otoño claro
de la amapola del párpado,
en las agujas del pinar del sueño.

Las calles, los almendros,
algunos de hoja malva,
otros de floración tardía, frente
a la soledad del puente
donde se hila la luz: entre los ojos
tempranos para odiar. Y pasa el agua
nunca tardía para amar del Duero,
emocionada y lenta,

in it, to see
how dawn breaks, how
light hits me on the face, here, in my bed.
Yours, father of mine, mother of mine,
siblings of mine,
where my salvation was your death.

II
A Nightmare's Dream

Time is in your hands:
touch it, touch it. Now it's getting dark and there is
pus in the body's odour, there is high tide
in the sea of sleep, and the furrow opened
amid the sheets.
The cross of the eyelashes
about to fall, the lips as far as the sky of the ceiling,
as far as the melody of the wheat ear,
as far as this lamp of a faded blue,
in this room that rises up on me
with the merciless window,
damned and fragrant, pierced by stars.
And in my eyes the star, here, hurting me,
surrounding me, inhabiting me subtly
in the night's breathing, in the clear autumn
of the eyelid's poppy,
in the needles of sleep's pine-grove.

The streets, the almond trees,
some with mauve leaves,
others of late bloom, before
the solitude of the bridge
where light is spun: amid eyes
too young for hating. And, never too late for love,
the water of the Duero passes,
emotional and sluggish,

quemando infancia.
¿Qué hago con mi sudor, con estos años
sin dinero y sin riego,
sin perfidia siquiera ahora en mi cama?
¿Y volveré a soñar
esta pesadilla? Tú estate quieto, quieto.
Pon la cabeza alta y pon las manos
en la nuca. Y sobre todo ve
que amanece, aún aquí,
en el rincón del uso de tus sueños,
junto al delito de la oscuridad,
junto al almendro. Qué bien sé su sombra.

III
Herida

¿Y está la herida ya sin su hondo pétalo,
sin tibieza,
sino fecunda con su mismo polen,
cosida a mano, casi como un suspiro,
con el veneno de su melodía,
con el recogimiento de su fruto,
consolando, arropando
mi vida?

Ella me abraza. Y basta.
Pero no pasa nada.
No es lo de siempre: no es mi amor en venta,
la desnudez de mi deseo, ni
el dolor inocente, sin ventajas,
ni el sacrificio de lo que se cotiza,
ni el despoblado de la luz, ni apenas
el tallo hueco,
nudoso, como el de la avena, de
la injusticia. No,
no es el color canela

burning childhood.
What shall I do with my sweat, with these years
without money and without watering,
without perfidy even now in my bed?
And will I dream this nightmare
again? You, keep still, keep still.
Put your head high and put your hands
on the back of your neck. And above all see
that dawn is breaking, even here,
in the corner of the use of your dreams,
next to the crime of darkness,
next to the almond tree. How well I know its shadow.

III
Wound

And is the wound already without its deep petal,
without warmth,
but fertile with its own pollen,
sewn by hand, almost like a sigh,
with the venom of its melody,
with the harvesting of its fruit,
comforting, wrapping up
my life?

It embraces me. And that's enough.
But nothing happens.
It's not as usual: it's not my love that's on sale,
the bareness of my desire, nor
the innocent pain, without advantage,
nor the sacrifice of what is worth much,
nor the forsaking of light, nor even
the hollow, knotty
stem, like that of oat, of
injustice. No,
it isn't the cinnamon colour

de la flaqueza de los maliciosos,
ni el desencanto de los desdichados,
ni el esqueleto en flor,
rumoroso, del odio. Ni siquiera la vieja
boca del rito
de la violencia.

Aún no hay sudor, sino desenvoltura;
aún no hay amor, sino las pobres cuentas
del engaño vacío.
Sin rendijas ni vendas
vienes tú, herida mía, con tanta noche entera,
muy caminada,
sin poderte abrazar. Y tú me abrazas.

Cómo me está dañando la mirada
al entrar tan a oscuras en el día.
Cómo el olor del cielo,
la luz hoy cruda, amarga,
de la ciudad, me sanan
la herida que supura con su aliento
y con su podredumbre,
asombrada y esbelta,
y sin sus labios ya,
hablando a solas con sus cicatrices
muy seguras, sin eco,
hacia el destino, tan madrugador,
hasta llegar a la gangrena.
                        Pero
la renovada aparición del viento,
mudo en su claridad,
orea la retama de esta herida que nunca
se cierra a oscuras.
Herida mía, abrázame. Y descansa.

of the weakness of the malicious,
nor the disappointment of the unlucky,
nor hatred's blossoming
skeleton, murmuring. Nor even the old
mouth of the rite
of violence.

There's no sweat yet, only ease;
there's no love yet, only the poor trinkets
of empty deceit.
Without cracks or bandages
you arrive, wound of mine, with such a full night,
so exhausted
that I can't embrace you. And you embrace me.

How my gaze is hurting
when entering so unaware into the day.
How the smell of the sky,
the light of the city,
so harsh and bitter today, cure
my wound suppurating with its breath
and with its corruption,
astonished and slender,
and without lips now,
talking to itself with its scars
so assured, without echo,
toward destiny, so early-rising,
until it reaches gangrene.
                              But
the renewed appearance of the wind,
mute in its clarity,
airs the broom of this wound that never
closes in the dark.
Wound of mine, embrace me. And rest.

IV
Un rezo

¿Cómo el dolor, tan limpio y tan templado,
el dolor inocente, que es el mayor misterio,
se me está yendo?
Ha sido poco a poco,
con la sutura de la soledad
y el espacio sin trampa, sin rutina
de tu muerte y la mía.
Pero suena tu alma, y está el nido
aquí, en el ataúd,
con luz muy suave.

Te has ido. No te vayas. Tú me has dado la mano.
No te irás. Tú, perdona, vida mía,
hermana mía,
que está sonando el aire
a ti, que no haya techos
ni haya ventanas con amor al viento,
que el soborno del cielo traicionero
no entre en tu juventud, en tu tan blanca,
vil muerte.
Y que tu asesinato
espere mi venganza, y que nos salve.
Porque tú eres la almendra
dentro del ataúd. Siempre madura.

IV
A Prayer

How can grief, so clean and so composed,
innocent grief, which is the greatest mystery,
be leaving me?
It has occurred little by little,
with the suture of solitude
and the space without traps, without routine
of your death and mine.
But your soul echoes, and the nest is
here, in the coffin,
with a very soft light.

You're gone. Don't go. I've held your hand.
You won't go. You, forgive, life of mine,
sister of mine,
that the air is echoing
you, that there are no roofs
or windows with love to the wind,
that the bribe of the treacherous heavens
won't enter into your youth, into your so white
and vile death.
And that your murder
awaits my vengeance, and that it will save us.
Because you are the almond
inside the coffin. Always ripe.

II

Arena

La arena, tan desnuda y tan desamparada,
tan acosada,
nunca embustera, ágil,
con su sumisa libertad sin luto,
me está lavando ahora.

La vanagloria oscura de la piedra
hela aquí: entre la yema
de mis dedos,
con el susurro de su despedida
y con su olor a ala tempranera.

Vuela tú, vuela,
pequeña arena mía,
canta en mi cuerpo, en cada poro, entra
en mi vida, por favor, ahora que necesito
tu cadencia, ya muy latiendo en luz,
con el misterio de la melodía
de tu serenidad,
de tu honda ternura.

Sombra de la amapola

Antes de que la luz llegue a su ansia
muy de mañana,
de que el pétalo se haga
voz de niñez,
vivo tu sombra alzada y sorprendida
de humildad, nunca oscura,
con sal y azúcar,

II

Sand

The sand, so naked and so helpless,
so harassed,
never cheating, agile,
with its submissive freedom unmourning,
is now washing me.

The dark boastfulness of rock
is right here: amid the tips of
my fingers,
with the whisper of its farewell
and with its smell of early-rising wing.

Fly, fly, you,
my little sand,
sing in my body, in every pore, enter
into my life, please, now when I need
your cadence, now much pulsating in light,
with the mystery of the melody
of your serenity,
of your deep tenderness.

Shadow of the Poppy

Before light reaches its yearning
early in the morning,
before the petal becomes
childhood voice,
I live your shadow, raised and surprised
in humility, never dark,
with sugar and salt,

con su trino hacia el cielo,
herida y conmovida a ras de tierra.

Junto a la hierbabuena,
este pequeño nido
que está temblando, que está acariciando
el campo, dentro casi
del surco,
amapola sin humo,
tú, con tu sombra, sin desesperanza,
estás acompañando
mi olvido sin semilla.
Te estoy acompañando.
No estás sola.

Amarras
A Juan Carlos y Amparo Molero

Cómo se trenza y cómo nos acoge
el nervio, la cintura de la cuerda,
tan íntima de sal,
y con esta firmeza temblando de aventura,
bien hilada, en el puerto. Está la fibra
del esparto muy dura y muy templada,
algo oxidada. Hay marea baja.
Bonanza. Y el yodo en cada hebra,
donde el sudor de manos,
entre el olor de las escamas, ciñe
el rumbo, y el silencio del salitre,
en cada nudo.

Tiembla el cordaje sin zozobra en
el pretil del muelle,
cuando mi vida se ata sin rotura,
ya sin retorno al fin y toca fondo.
Pero qué importa ya. Y está la fibra

with its trill toward the heavens,
wounded and moved at ground level.

Next to tufts of mint,
this small nest
that's trembling, that's caressing
the field, almost inside
the furrow,
smokeless poppy,
you, with your shadow, without despair,
are accompanying
my seedless oblivion.
I am accompanying you.
You're not alone.

Moorings
To Juan Carlos and Amparo Molero

How it's plaited and how it receives us,
the fixed end, the tying of the rope,
so intimate with salt,
and with this firmness trembling with adventure,
well spun, in the port. The esparto
fibre is very hardened and tautened,
somewhat rusty. It is low tide.
Calm at sea. And the iodine in each thread,
where the sweat from hands,
amid the smell of fish scales, restrains
the course, and the silence of saltpetre,
in each knot.

The riggings tremble without foundering on
the quayside balustrade,
when my life is tied without snapping,
now, finally, without return, and it hits the bottom.
But it doesn't matter now. And the esparto

del esparto muy dura y muy segura,
sin la palpitación de marejada,
del oleaje sucio, de la espuma
del destino.
Pero qué importa ya. Y está la cuerda
tensa y herida.
¿Y dónde, dónde la oración del mar
y su blasfemia?

Ciruelo silvestre

Y delicadamente
me estás robando hasta el recién cultivo
de la mirada, pura
canción, árbol mío,
tú nunca prisionero o traicionero.
Hojas color de cresta
de gallo,
ramas con el reposo estremecido
de un abril prematuro,
con la savia armoniosa que besa y que fecunda,
y pide, y me comprende
en cada nervio de la hoja, en cada
rico secuestro,
en cada fugitiva reverberación.

Cuando llegue el otoño, con rescate y silencio,
tú no marchitarás.
Aquí, en la plaza,
junto a tu sombra nunca demacrada,
respiro sin esquinas,
siempre hacia el alba
porque tú, tan sencillo,
me das secreto y cuánta compañía:
en una hoja el resplandor del cielo.

fibre is very hardened and secured,
without the throbbing of heavy sea,
of the dirty swell, of the foam
of destiny.
But it doesn't matter now. And the rope
is tight and wounded.
And where, where's the prayer of the sea
and its blasphemy?

Wild Plum Tree

And delicately
you're stealing even my sight
just now harvested, pure
song, tree of mine,
you, never captive or treacherous.
Leaves the colour of a cock's
comb,
branches with the shaken rest
of an early April,
with the harmonious sap that kisses and fertilizes,
and demands, and understands me
in every leaf vein, in every
rich seizure,
in every fugitive reverberation.

When autumn comes, with rescue and silence,
you won't wither.
Here, in the town square,
next to your never gaunt shade,
I'm breathing without corners,
always towards dawn
because you, so simple,
keep me in secrecy and so much company:
the shining of the heavens in a leaf.

Ballet del papel
A Franciso Brines

. . . Y va el papel volando
con vuelo bajo a veces, otras con aleteo
sagaz, a media ala,
con la celeridad tan musical,
de rapiña,
del halcón, ahora aquí, por esta calle,
cuando la tarde cae y se avecina
el viento del oeste,
aún muy sereno, y con él el enjambre
y la cadencia de la miel, tan fiel,
la entraña de la danza:
las suaves cabriolas de una hoja de periódico,
las piruetas de un papel de estraza,
las siluetas de las servilletas de papel de seda,
y el cartón con pies bobos.
Todos los envoltorios
con cuerpo ágil, tan libre y tan usado,
bailando todavía este momento,
con la soltura de su soledad,
antes de arrodillarse en el asfalto.

Va anocheciendo. El viento huele a lluvia
y su compás se altera. Y vivo la armonía,
ya fugitiva,
del pulso del papel bajo las nubes
grosella oscuro,
casi emprendiendo el vuelo,
tan sediento y meciéndose,
siempre abiertas las alas
sin destino, sin nido,
junto al ladrillo al lado, muy cercano
de mi niñez perdida y ahora recién ganada
tan delicadamente, gracias a este rocío
de estos papeles, que se van de puntillas,

Ballet of the Paper Sheet
To Francisco Brines

... And there goes the paper sheet, flying
with a sometimes low flight, others with a shrewd
flapping, on a half-wing,
with such musical speed,
of raptor,
of the falcon, here and now, through this street,
at dusk, when there's a westerly wind
on the way,
still quite calm, and with it the swarm
and the cadence of honey, so faithful,
the very innards of dance:
the smooth prancing of a newspaper sheet,
the pirouettes of some brown paper,
the silhouettes of tissue napkins,
and the bumbling cardboard.
All the wrappings
with an agile body, so free and so used,
still dancing this very moment,
with the confidence of their solitude,
before kneeling down on the asphalt.

It's getting dark. The wind smells of rain
and its compass is awry. And I live the harmony,
now fleeing,
of the pulse of the paper sheet beneath the blackcurrant
clouds,
about to fly off,
thirsty and swaying,
with wings always open
going nowhere, without a nest,
beside this very close brick
of my childhood, once lost and just now recovered
so delicately, thanks to this dew
on these sheets of paper, leaving on tiptoe,

ligeros y descalzos,
con sonrisa y con mancha.
Adiós, y buena suerte. Buena suerte.

Lágrima

Cuando el sollozo llega hasta esta lágrima,
lágrima nueva que eres vida y caes,
estás cayendo y nunca caes del todo,
pero me asciendes hasta mi dolor,
tú, que eres tan pequeña
y amiga, y silenciosa,
de armoniosa amargura.
Con tu sabor preciso me modelas,
con tu sal que me llega hasta la boca
que ya no dice nada porque todo lo has dicho.

Lo has dicho tú, agua abierta.
Y este certero engaño
de la mirada,
transfigurada por tu transparencia
me da confianza y arrepentimiento.
Estás en mí, con tu agua
que poco a poco hace feraz el llanto.

Perro de poeta
> *A Sirio, que acompañó*
> *a Vicente Aleixandre*

A ti, que acariciaste
el destello infinito del traje humano cuando
dentro de él bulle el poema.
A ti, de rumboso bautizo,
que con azul saliva y lengua zalamera

light and barefooted,
with a smile and with a stain.
Goodbye, and good luck. Good luck.

Tear

When the sobbing reaches this tear,
you, new tear that are life and falling,
you're falling and never completely fall,
but you're rising toward my pain,
you, who are so small
and friendly, and silent,
of harmonious bitterness.
You shape me with your precise taste,
with your salt that reaches my mouth
that won't say a word because you've said everything.

You said it all, open water.
And this accurate deception
of sight,
transfigured by your transparency
gives me confidence and repentance.
You're inside of me, with your water
that little by little makes crying fertile.

A Poet's Dog

> *To* Sirio, *that accompanied*
> *Vicente Aleixandre*

To you, that caressed
the endless sparkle of the human suit when
the poem bubbles up within it.
To you, of lavish baptism,
that with blue saliva and a fawning tongue

lamiste frescos pulsos trémulos de altas bridas,
unas manos creadoras, con mimo de sal siempre,
ahora que recuerdo
años de amistad limpia
te silbo. ¿Me conoces?
Fue hace seis años, cuando
mi cadena era de aire, como la que tu amo
te puso en el jardín. Os mirabais, pisabais
tú su región inmensa y sin murallas,
él tu reino sin huellas.
¿Quién era el servidor? ¿Quién era el amo?
Nadie lo sabrá nunca
pero el ver las miradas era alegre.
Un buen día, atizado por todas las golondrinas del mundo
hasta ponerlo al rojo,
callaste para aullar eterno aullido.
No ladraste a los niños ni a los pobres
sino a los malos poetas, cuyo tufo
olías desde lejos, fino rastreador.
Quizá fueron sus hijos
quienes en esa hora de juerga ruin, colgaron
de tu rabo,
de tu hondo corazón asustadizo
la ruidosa hojalata cruel e impresa
de sus vendidos padres. Fue lo mismo.
Callaste. Pero ahora
vuelvo a jugar contigo desde esta sucia niebla
con la que el aire limpio de nuestra Guadarrama
haría un sol de julio, junto con tus amigos,
viendo sobre tu lomo la mano leal, curtida,
y te silbo, y te hablo, y acaricio
tu pura casta, tu ofrecida vida
ya para siempre, *Sirio*,
buen amigo del hombre
compañero del poeta, estrella que allá brillas
con encendidas fauces
en las que hoy meto al fin, sin miedo, entera,
esta mano mordida por tu recuerdo hermoso.

licked fresh pulses tremulous with lofty reins,
some creative hands, always with salty cuddling,
now that I recall
years of clean friendship,
I whistle to you. Do you know me?
It was six years ago, when
my leash was made of air, like the one with which your master
held you in the garden. You looked at one another,
treading, you his immense and wall-less region,
he your track-less realm.
Who was the servant? Who was the master?
No one will ever know
but seeing each other's gazes was cheerful.
One given day, fanned by all the swallows in the world
until it got red-hot,
you fell silent to howl an eternal howl.
You didn't bark at children or at the poor
but at bad poets, whose stench
you sensed at a distance, fine tracker.
Perhaps it was their children
who, at that time of despicable outburst, hung
from your tail,
from your deep and easily frightened heart,
their unscrupulous parents' noisy tin plate,
cruel and printed. It was the same thing.
You fell silent. But now
I play with you again from this dirty mist
with which the clear air of our Guadarrama
would make a July sun, along with your friends,
seeing on your back the loyal, weather-beaten hand,
and I whistle to you, and speak to you, and caress
your pure pedigree, your proffered life
forever more, *Sirio*,
man's good friend,
the poet's partner, star that twinkles
with burning jaws
in which today I place at last, fearlessly, completely,
this hand bitten by your beautiful memory.

Un viento

Dejad que el viento me traspase el cuerpo
y lo ilumine. Viento sur, salino,
muy soleado y muy recién lavado
de intimidad y redención, y de
impaciencia. Entra, entra en mi lumbre,
ábreme ese camino
nunca sabido: el de la claridad.
Suena con sed de espacio,
viento de junio, tan intenso y libre
que la respiración, que ahora es deseo,
me salve. Ven,
conocimiento mío, a través de
tanta materia deslumbrada por tu honda
gracia.
Cuán a fondo me asaltas y me enseñas
a vivir, a olvidar,
tú, con tu clara música.
Y cómo alzas mi vida
muy silenciosamente,
muy de mañana y amorosamente
con esa puerta luminosa y cierta
que se me abre serena
porque contigo no me importa nunca
que algo me nuble el alma.

A Wind

Let the wind pierce and illuminate
my body. A southerly wind, salty,
very sunny and only just washed
of privacy and redemption, and of
impatience. Enter, enter into my firelight,
open for me that path
never known: that of clarity.
It sounds with a thirst for space,
a June wind, so intense and free
that breathing, which is now desire,
saves me. Come,
knowledge of mine, through
so much matter, dazzled by your deep
grace.
How fully you assail me and teach me
to live, to forget,
you, with your clear music.
And how you raise my life
very quietly,
very early in the morning and lovingly
with that bright and certain door
that calmly opens for me
because with you I never care
if something clouds my soul.

III

Cantata del miedo

I

Es el tiempo, es el miedo
los que más nos enseñan
nuestra miseria y nuestra riqueza.
Miedo encima de un cuerpo,
miedo a perderlo,
el miedo boca a boca.
Miedo al ver esta tierra
vieja y rojiza, como tantas veces,
metiendo en ella el ritmo de mi vida,
desandando lo andado,
desde Logroño a Burgos. Para que no huya,
para que no descanse y no me atreva
a declarar mi amor palpable, para
que ahora no huela
el estremecimiento, que es casi inocencia,
del humo de esas
hogueras de este otoño,
vienes tú, miedo mío, amigo mío,
con tu boca cerrada,
con tus manos tan acariciadoras,
con tu modo de andar emocionado,
enamorado, como si te arrimaras
en vez de irte.

Quiero verte la cara
con tu nariz lasciva,
y tu frente serena, sin arrugas,
agua rebelde y fría,
y tus estrechos ojos muy negros y redondos,
como los de la gente de estas tierras.

III

Cantata of Fear

I

It is time, it is fear
that most shows us
our wretchedness and our richness.
Fear atop a body,
fear of losing it,
fear mouth-to-mouth.
Fear on seeing this earth,
old and reddish, as so many times,
putting into it my life's rhythm,
retracing my steps,
from Logroño to Burgos. So I won't flee,
so I won't rest and won't dare
to proclaim my palpable love, so
now I won't smell
the shudder, which is almost innocence,
of the smoke of those
bonfires in this autumn,
you come, fear of mine, friend of mine,
with your mouth closed,
with your hands so caressing,
with your way of walking, emotional,
in love, as if you were approaching
instead of departing.

I want to see your face
with your lascivious nose,
and your brow calm, unwrinkled,
cold and rebellious water,
and your narrow eyes very black and round,
like those of the people of this land.

Pequeño de estatura, como todos los santos,
algo caído de hombros y menudo
de voz, de brazos cortos, infantiles,
zurdo,
con traje a rayas, siempre muy de domingo,
de milagrosos gestos y de manos
de tamaño voraz.

Qué importa tu figura
si estás conmigo ahora respirando, temblando
con el viento del Este.
Y es que en él hallaríamos el suspiro inocente,
el poderío de las sensaciones,
la cosecha de la alegría junto a la
del desaliento.

II

Es el miedo, es el miedo.
Ciego guiando a otro ciego,
miedo que es el origen de la desconfianza,
de la maldad, pérdida de la fe,
burla y almena. Sí, la peor cuña:
la de la misma madera. Mas también es arcilla
mejorando la tierra.

Coge este vaso de agua y en él lo sentirás
porque el agua da miedo al contemplarla,
sobre todo al beberla, tan sencilla
y temerosa y misteriosa, y nueva, siempre.
Toca este cuerpo de mujer, y
temblarás, al besarlo sobre todo,
porque el cuerpo da miedo al contemplarlo
y aun más si se le ama, por tan desconocido.
Y aun más si se entra en él y en él se oye
la disciplina de las estrellas,

Diminutive in stature, like all saints,
somewhat round-shouldered and faint
in voice, with short, child-like arms,
left-handed,
in a striped suit, always in your Sunday's very best,
with miraculous gestures and hands
of rapacious size.

Your figure doesn't matter
since now you're with me, breathing, shivering
with the easterly wind.
For in it we would find the innocent sigh,
the power of sensations,
the harvest of happiness besides that
of dismay.

II

It is fear, it is fear.
The blind leading the blind,
fear that is the source of distrust,
of evil, loss of faith,
taunt and rampart. Yes, a servant:
he makes the worst master. But he is also clay
enriching the earth.

Pick up this glass of water and you'll feel it in it,
for looking at water fills you with fear,
especially drinking it, so simple
and fearful and mysterious, and new, always.
Touch this woman's body, and
you'll tremble, most of all when kissing it,
for looking at a body fills you with fear,
and even more if you love it, for being so unknown.
And even more if you enter into it and you hear in it
the discipline of stars,

ahí, en el sobaco sudoroso,
en los lunares centelleantes junto
al sexo.
Abre esa puerta, ciérrala:
ahí, en sus goznes, hallarás tu vida
que hoy es audacia y no,
como otras veces, cobardía ante
el estéril recuerdo y el olvido,
tan adulador.
Anda por esas calles
cuando está amaneciendo y cuando el viento
presagia lluvia, muy acompañado
de esta grisácea luz pobre de miembros
y que aún nos sobrecoge
y da profundidad a la respiración.

¿Nunca secará el sol
lo que siempre pusimos
al aire: nuestro miedo,
nuestro pequeño amor?

Tan poderoso como la esperanza
o el recuerdo, es el miedo,
no sé si oscuro o luminoso, pero
nivelando, aplomando, remontando
nuestra vida.

III

Vamos, amigo mío, miedo mío.
Mentiroso como los pecadores,
ten valor, ten valor.
Intenta seducirme
con dinero, con gestos,
con tu gracia acuciante en las esquinas
buscando ese sombrío y fervoroso

there, in the sweaty armpit,
in the twinkling moles next to
her genitals.
Open that door, close it:
there, in its hinges, you'll find your life
which today is boldness and not,
as at some other times, cowardice before
futile memory and oblivion,
so flattering.
Walk through those streets
when dawn is breaking and the wind
augurs rain, closely accompanied
by this greyish light, poor in its limbs
and still startling us
and adding depth to breathing.

Won't the sun ever evaporate
what we put out
in the air: our fear,
our small love?

Fear is powerful as hope
or memory,
I don't know if dark or bright, but
levelling, plumbing, making our life
soar.

III

Let's go, friend of mine, fear of mine.
Lying as sinners,
be brave, be brave.
Try to seduce me
with money, with gestures,
with your pressing grace on street corners,
seeking that sombre and fervent

beso,
ese abrazo sin goce,
la cama que separa, como el lino,
la caña de la fibra.
Quiero verte las lágrimas,
aunque sean de sidra o de vinagre,
nunca de miel doméstica.
Quiero verte las lágrimas
y quiero ver las mías,
estas de ahora cuando te desprecio
y te canto,
cuando te veo con tal claridad
que siento tu latido que me hiere,
me acosa, me susurra, y casi me domina,
y me cura de ti, de ti, de ti.

                    Perdón, porque tú eres
amigo mío, compañero mío.
Tú, viejo y maldito cómplice.
¿El menos traicionero?

Lo que no se marchita
    A la niña Reyes

Estos niños que cantan y levantan
la vida,
en los corros del mundo
que no son muro sino puerta abierta
donde si una vez se entra verdaderamente
nunca se sale,
porque nunca se sale del milagro.
Aquí no hay cerraduras,
ni clavazón, ni herrajes,
ni timbres, ni aún ni quicios,
sino inocencia, libertad, destino.

kiss,
that joyless embrace,
the bed that separates, like flax,
the cane from the fibre.
I want to see your tears,
though they be of cider or vinegar,
never of domestic honey.
I want to see your tears
and I want to see mine,
these right now when I disdain you
and I sing of you,
when I see you so clearly
that I feel your heartbeat wounding me,
harassing me, whispering to me, and almost controlling me,
and preserving me from you, you, you.

                                        Forgive me, for you are
a friend of mine, a companion of mine.
You, old and damned accomplice.
The least treacherous?

What Doesn't Wither
    To the girl Reyes

These children who sing and lift up
life,
in the ring-a-ring-a-roses of the world,
that aren't a wall but an open door
where if once one enters truly
one never leaves,
because one never leaves a miracle.
Here there are no locks,
or nails, or ironwork,
or bells, or even jambs,
but only innocence, freedom, destiny.

Estos niños que al cielo llaman cielo
porque es muy alto,
y que al sueño lo han visto
azul celeste, con lunares blancos
bailar con un ratón entre los muebles
generosos y horribles de la infancia,
y misteriosos:
ahí, en la pata de esa mesa queda
la ilusión, hoy recuerdo,
y en el respaldo de esa silla un nido
cálido, y cruel, y virgen,
y en ese armario el resplandor del miedo
cuando, al abrirlo, nunca
se sabe si hay avispas o si hay miel,
ropa o el cielo limpio de la ropa.
Estos niños que rompen el dinero
como si fuera cáscara de huevo
y saben que los números
no saltan a la comba porque tienen las piernas
flojas, menos el tres,
y saben cómo
susurra la ceniza en los dientes del lobo.

Sí, cuántas veces, sin merecimiento,
estoy junto a este corro, junto a esta
cúpula,
junto a los niños que no tienen sombra.
Y lo oigo cantar, sólido y vivo,
y me alegra, y me acusa,
tan lleno de ternura y de secreto,
ofrecido e inútil hasta ahora
por jardines, por plazas y por calles,
hasta por
la respiración, el pulso y la caricia
precisa, el beso claro.

These children who call the sky the sky
because it's very high,
and who have seen dreams,
sky-blue, white-spotted,
dance with a mouse amid childhood's
furniture, generous and horrible,
and mysterious:
there, in that table's leg enthusiasm
remains, today a memory,
and in the back of that chair a warm,
and cruel, and virgin nest,
and in that wardrobe the gleam of fear
when, opening it, one never
knows if there are wasps or honey,
clothes or the clean sky of clothes.
These children who crack open money
as if it was eggshells
and know that numbers
don't skip rope because they have
weak legs, except number three,
and know how
ash whispers amid the wolf's teeth.

Indeed, many a time, without deserving it,
I am beside this ring-around-the-rose, beside this
dome,
beside the shadowless children.
And I hear it singing, vigorous and lively,
and it cheers me up, and it accuses me,
so full of tenderness and secrecy,
offered and useless until now
through gardens, through squares and streets,
even through
breathing, heartbeat and the necessary
caress, the clear kiss.

Contemplo ahora a la niña más pequeña:
la que pone su infancia
bajo la leña.
Hay que salvarla. Canta y baila torpemente
y hay que salvarla.
Esa delicadeza que hay en su torpeza
hay que salvarla.
Da amor: es una niña
rubia, de ojos azules, tan azules que
casi entristecen. Nunca
tuve esa luz maravillosa y cierta.
Hay que salvarte. Ven.
Acércate, no sé, no sé,
pero quiero contarte
algo que quizá nadie te ha contado,
un cuento que ahora para mí es lamento.
Ven, ven, y siente
caer la lluvia pura, como tú,
oye su son, y cómo
nos da canción a cambio
de dolor, de injusticia. Tú ven, ven,
bendito polen, dame
tu claridad, tu libertad, y ponte
más cruzado tu lazo
amarillo limón. Yo quiero, quiero
que se te mueva el pelo más, que alces
la aventura de tu cintura más,
y que tu cuerpo sea sonoro y redentor.

Y sigue el corro,
y vivo en él, en pleno mar adentro,
con estos niños,
nunca cautivo sino con semillas
feraces en el alma, mientras la lluvia cae.

Sólo pido que pueda,
cuando pasen los años,

I contemplate now the littlest girl:
the one who places her childhood
beneath the firewood.
She needs to be saved. She sings and dances awkwardly
and needs to be saved.
That gentleness that there is in her clumsiness
needs to be saved.
She gives love: she is a blond
child, with blue eyes, so blue that
they're almost saddening. I never
had that wonderful and true light.
You need to be saved. Come.
Come closer, I don't know, I don't know,
but I want to tell you
something that perhaps no one has told you,
a story that now for me is a lament.
Come, come, and feel
the rain falling, pure, like you,
hear its sound, and how
it gives us a song in exchange
for pain, for injustice. You, come, come,
blessed pollen, give me
your clarity, your freedom, and turn
a little more your lemon-yellow
hair-bow. I want, I want
your hair to move loosely, for you to raise
higher the adventure of your waist,
and your body to be resonant and redemptive.

And the ring-around-the-rose goes on,
and I live in it, fully out at sea,
with these children,
never captive but with fertile
seeds in my soul, as the rain falls.

I only ask that I may,
when the years pass,

volver a entrar con el latido de ahora
en este cuerpo duradero y puro,
entrar en este corro,
en esta casa abierta para siempre.

La ventana del jugo

La semilla
de la mirada, el jugo
de estos ojos de ciego
que miran hacia el cielo,
te buscan.
Da tu sabor. De una
vez abre tu mano, viva
naranja, entraña
del aire, humilde
cintura fina
y bravía. Entra en el fruto
de la materia, nunca carcomida
y siempre sorprendida
por ti, viejo ladrón que estás robando
y al mismo tiempo dando
fecundidad, y libertad, y alba.

Tan libre siempre,
ácido en el limón, dulce en la fresa,
azul noche de marzo
en la brea,
sabio cristal ardiendo,
rezumando en la vida.

Da, entre calles oscuras,
tu verdad, tu inocencia olorosa,
tu lluvia luminosa.
Y a mí tú no me vengas

enter again with this very heartbeat
in this lasting and pure body,
enter in this ring-around-the-rose,
in this house, open forever.

The Window of Juice

The seed
of sight, the juice
of these blind man's eyes
that are looking up to the heavens,
are looking for you.
Give me your taste. Just
open your hand, lively
orange, heart
of the air, humble
waist,
slim and wild. Enter the fruit
of matter, never eaten away
and always surprised
by you, old thief who are stealing
and at the same time giving
fertility, and liberty, and dawn.

Always so free,
sour in the lemon, sweet in the strawberry,
March's night blue
in tar,
wise burning crystal,
oozing in life.

Give, amid dark streets,
your truth, your fragrant innocence,
your luminous rain.
And don't come to me

con mentiras, con músicas,
con esperanzas: abre
tu pulpa.
Y no entres en mi cuerpo con rapiña,
acariciante,
como si fueras hijo de la luz.
Entra como naranja
recién amanecida y exprimida,
agua pura volando y entregándose,
aún con dolor, ahora.

Hilando
(La hilandera, de espaldas, del cuadro de Velázquez)

Tanta serenidad es ya dolor.
Junto a la luz del aire
la camisa ya es música, y está recién lavada,
aclarada,
bien ceñida al escorzo
risueño y torneado de la espalda,
con su feraz cosecha,
con el amanecer nunca tardío
de la ropa y la obra. Éste es el campo
del milagro: helo aquí,
en el alba del brazo,
en el destello de estas manos, tan acariciadoras
devanando la lana:
el hilo y el ovillo,
y la nuca sin miedo, cantando su viveza,
y el pelo muy castaño
tan bien trenzado,
con su moño y su cinta;
y la falda segura, sin pliegues, color jugo de acacia.

Con la velocidad del cielo ido,
con el taller, con

with your lies, with your music,
with your hopes: open up
your pulp.
And don't enter my body rapaciously,
caressing,
as if you were a son of light.
Enter like an orange,
just dawned and squeezed,
pure water flying and surrendering,
still in pain, now.

Spinning Thread
    (The spinner, from behind, in the painting by Velázquez)

So much calm is now pain.
Next to the light of air
the shirt isn't music anymore, and it's just washed,
rinsed,
very tight at the promising and shapely
foreshortening of the back,
with its productive crop,
with the never late-ripening daybreak
of clothes and works. This is the field
of miracles: here it is,
in the dawn of the arm,
in the sparkle of these hands, so caressing
as they wind the wool:
the thread and the ball,
and the fearless nape, singing its livelihood,
and the very brown hair
so well plaited,
with a bun and a hairband;
and the safe skirt, unpleated, the colour of acacia juice.

With the speed of the departed heavens,
with the workshop, with

el ritmo de las mareas de las calles,
está aquí, sin mentira,
con un amor tan mudo y con retorno,
con su celebración y con su servidumbre.

Noviembre

Llega otra vez noviembre, que es el mes que más quiero
porque sé su secreto, porque me da más vida.
La calidad de su aire, que es canción,
casi revelación,
y sus mañanas tan remediadoras,
su ternura codiciosa,
su entrañable soledad.
Y encontrar una calle en una boca,
una casa en un cuerpo mientras, tan caducas,
con esa melodía de la ambición perdida,
caen las castañas y las telarañas.

Estas castañas, de ocre amarillento,
seguras, entreabiertas, dándome libertad
junto al temblor en sombra de su cáscara.
Las telarañas, con su geometría
tan cautelosa y pegajosa, y
también con su silencio,
con su palpitación oscura
como la del coral o las más tierna
de la esponja, o la de la piña
abierta,
o la del corazón cuando late sin tiranía, cuando
resucita y se limpia.
Tras tanto tiempo sin amor, esta mañana
qué salvadora. Qué
luz tan íntima. Me entra y me da música
sin pausas

the rhythm of the street tides,
it is here, without a lie,
with a very mute love and with a return,
with its celebration and with its servitude.

November

Once again November arrives, the month I love best
because I know its secret, because it gives me more life.
The quality of its air, which is song,
almost revelation,
and its mornings so renewing,
its avaricious tenderness,
its intimate solitude.
And to find a street in a mouth,
a house in a body while, so perishable,
with that tune of lost ambition,
the chestnuts and the cobwebs fall.

These chestnuts, of yellowish ochre,
safe, half-open, giving me freedom
beside the shadowy tremor of their shell.
The cobwebs, with their geometry
so cautious and sticky, and
also with their silence,
with their dark throbbing
like that of coral or the more tender
of sponge, or that of the opened
pineapple,
or that of the heart with its untyrannical beat, when
it revives and is cleansed.
After so much loveless time, this morning
what a saviour. What
light so intimate. It enters me and gives me music
without pauses

en el momento mismo en que te amo,
en que me entrego a ti con alegría,
trémulamente e impacientemente,
sin mirar a esa puerta donde llama el adiós.

Llegó otra vez noviembre. Lejos quedan los días
de los pequeños sueños, de los besos marchitos.
Tú eres el mes que quiero. Que no me deje a oscuras
tu codiciosa luz olvidadiza y cárdena
mientras llega el invierno.

La contemplación viva

I

Estos ojos seguros,
ojos nunca traidores,
esta mirada provechosa que hace
pura la vida, aquí en febrero
con misteriosa cercanía. Pasa
esta mujer, y se me encara, y yo tengo el secreto,
no el placer, de su vida,
a través de la más
arriesgada y entera
aventura: la contemplación viva.
Y veo su mirada
que transfigura; y no sé, no sabe ella,
y la ignorancia es nuestro apetito.
Bien veo que es morena,
baja, floja de carnes,
pero ahora no da tiempo
a fijar el color, la dimensión,
ni siquiera la edad de la mirada,
mas sí la intensidad de este momento.
Y la fertilidad de lo que huye

the very moment that I love you,
when I yield myself to you happily
tremblingly and impatiently,
without looking at that door where farewell calls.

Once more November arrived. Far-off the days
of small dreams remain, of withered kisses.
You are the month I love. May your avaricious forgetful crimson light
not leave me in darkness
while winter arrives.

The Vivid Contemplation

I

These assured eyes,
eyes never telltale,
this beneficial gaze that makes
life pure, here in February
with mysterious closeness. This woman
passes, and confronts me, and I hold the secret,
not the pleasure, of her life,
through the most
daring and total
adventure: the vivid contemplation.
And I see her gaze
which transfigures; and I don't know, she doesn't know,
and ignorance is our appetite.
I can see well that she's brunette,
short, flabby,
but now there's no time
to establish the colour, the range,
or even the age of her gaze,
but rather the intensity of this moment.
And the fertility of what flees

y lo que me destruye:
este pasar, este mirar
en esta calle de Ávila con luz de mediodía
entre gris y cobriza,
hace crecer mi libertad, mi rebeldía,
mi gratitud.

II

Hay quien toca el mantel, mas no la mesa;
el vaso, mas no el agua.
Quien pisa muchas tierras,
nunca la suya.
Pero ante esta mirada que ha pasado
y que me ha herido bien con su limpia quietud,
con tanta sencillez emocionada
que me deja y me da
alegría y asombro,
y, sobre todo, realidad,
quedo vencido. Y veo, veo, y sé
lo que se espera, que es lo que se sueña.

Lástima de saber en estos ojos
tan pasajeros, en vez de en los labios.
Porque los labios roban
y los ojos imploran.

Se fue.

Cuando todo se vaya, cuando yo me haya ido
quedará esta mirada
que pidió, y dio, sin tiempo.

and what destroys me:
this passing by, this looking
in this street in Ávila with a midday light,
between grey and copper,
increases my freedom, my rebellion,
my gratitude.

II

There are those who touch the tablecloth, but not the table;
the glass, but not the water.
Those who tread many lands,
never their own.
But before this gaze that has passed by
and has wounded me thoroughly with its clean calmness,
with such moving simplicity
that it leaves me and gives me
happiness and shock,
and, above all, reality,
I am left defeated. And I see, I see, and I know
what is expected, that which is dreamt.

It's a pity, the knowledge in these eyes,
so transient, instead of in the lips.
Because lips rob
and eyes implore.

She's gone.

When all has gone, when I have gone,
this gaze will remain,
the one that asked, and gave, without time.

Hacia la luz

Y para ver hay que elevar el cuerpo,
la vida entera entrando en la mirada
hacia esta luz, tan misteriosa y tan sencilla,
hacia esta palabra verdadera.

Ahora está amaneciendo y esta luz de Levante,
cenicienta,
que es entrega y arrimo
por las calles tan solas y tan resplandecientes,
nos mortifica y cuida,
cuando la sombra se desnuda en ella
y se alza la promesa
de la verdad del aire.

Es el olor del cielo,
es el aroma de la claridad,
cuando vamos entrando a oscuras en el día,
en la luz tan maltrecha por lo ciego
del ojo, por el párpado tierno aún para abrir
las puertas de la contemplación,
la columna del alma,
la floración temprana del recuerdo.

Tú, luz, nunca serena,
¿me vas a dar serenidad ahora?

Sin noche

Y tú bien sabes cómo
te quiero. Callo,
ni respiro siquiera. Entro en las palmas
de tus manos, ya casi envejecidas,
en tus arrugas que me dan resina,

Towards Light

And in order to see you must raise your body,
your whole life entering the gaze
towards that light, so mysterious and so simple,
towards that true word.

Day is breaking now and this light from the east,
ash-grey,
which is devotion and protection
through such lonely and shiny streets,
torments and cares for us,
when the shadow strips in it
and the promise of
the truth of air arises.

It's the smell of the heavens,
it is the fragrance of clarity,
as we're blindly going into the day,
into the light, so battered by the eye's
blindness, by the eye-lid, tender still to open
the doors of contemplation,
the pillar of the soul,
the early blossoming of memory.

You, light, never calm,
will you give me tranquillity now?

Nightless

You very well know how much
I love you. I keep quiet,
don't even breathe. I go into the palm
of your hands, now almost old,
into your wrinkles which give me resin,

que están cantando, como tu mirada
tan cristalina y tan fecundadora,
claro vuelo de alondra,
junto a tanto dolor,
junto a tu pesadumbre
sin llanto, con alegre
fijeza.

Si se te caen los dientes,
nunca invierno en tus labios que ahora vuelan
abriendo la mañana,
haciéndola más pura con el olor a ropa
recién lavada, y con
la luz de la aguja, y con el calor
del hilo, y
queriendo tu madeja de lana duradera.

Yo te acompaño, agua
dulce, ya casi suspirada, canción a flor de labio,
rocío a medio párpado. Ahora está la mañana
como tú: entera y virgen.

Una aparición

Llegó con un aliento muy oscuro,
en ayunas,
con apetito seco,
muy seguro y muy libre, sin fatiga,
ya viejo, con arrugas
luminosas,
con su respiración tan inocente,
con su mirada audaz y recogida.
Llegó bien arrimado, bien cantado
en su cuerpo, en su traje sin boda,
con resplandor muy mudo de su paso.

which are singing, like your gaze,
so crystalline and so fertilizing,
clear flight of the skylark,
along with so much pain,
along with your tearless
sorrow, happily
staring.

If your teeth are falling out,
never winter on your lips that are now flying
opening up the morning,
making it purer with the scent of just washed
clothes, and with
the light of the needle, and with the heat
of the thread, and
loving your hank of lasting wool.

I go along with you, sweet
water, now almost longed-for, song on lips' edge,
dew at mid-eyelid. Now the morning is
like you: complete and virginal.

An Apparition

He arrived with a very dark breath,
fasting,
with a dry appetite,
very sure and very free, untroubled,
already old, with bright
wrinkles,
with such an innocent breathing,
with a daring and quiet gaze.
He arrived well taken care of, his body
well sung, in a non-matrimonial suit,
with a very silent gleam in his step.

Volvió atrás su mirada
como si hiciera nata antes de queso,
con la desecación sobria y altiva
de sus manos tan sucias,
con sus dientes nublados,
a oscuras, en el polen de la boca.

Llegó. No sé su nombre,
pero lo sabré siempre.
Estaba amaneciendo con un silencio frío,
con olor a resina y a vino bien posado,
entre taberna y juerga.
Y dijo: «Hay un sonido
dentro del vaso»...
¿De qué color?, yo dije. Estás mintiendo.
Sacó un plato pequeño y dibujó en la entraña
de la porcelana,
con sus uñas maduras,
con su aliento y el humo de un cigarro,
una casa,
un camino de piedra estremecida,
como los niños.
—¿Ves?
¿No oyes el viento de la piedra ahora?
Sopló sobre el dibujo
y no hubo nada. «Adiós.
Yo soy el Rey del Humo».

He looked back
as if making cream before cheese,
with the sober and haughty drying
of his very dirty hands,
with his teeth clouded,
in the dark, in the pollen of his mouth.

He arrived. I don't know his name,
but I'll always know it.
Dawn was breaking with a cold silence,
with a scent of resin and well-settled wine,
surrounded by taverns and carousing.
And he said: 'There's a sound
inside the glass' . . .
What colour?, I said. You're lying.
He took out a small plate and drew in the depth
of the porcelain,
with his mature fingernails,
with his breath and the smoke of a cigarette,
a house,
a path of shivering stone,
like a child's.
'Can't you see?
Don't you hear the wind in the stone now?'
He blew on the drawing
and there was nothing. 'Good-bye.
I am the King of Smoke.'

IV

Tan sólo una sonrisa

Sólo se pierde lo que no se ama.
¿O aquello que se ama?
Cuando el remordimiento llega al conocimiento,
altas tapias por fuera
y ventanas por dentro, llega a veces
una sonrisa pasajera, como
la tuya de ahora.
Aunque no te conozco, niña apenas
pero con carne prieta de mujer,
tengo la silenciosa
llave febril con la que estoy entrando,
sin claridad y sin fijeza,
y quizás a deshora,
en tu boca entornada
sólo por un momento, como el amor del aire
o la sorpresa de la soledad.

Y la columna del aliento,
tan fugitiva e imperecedera,
el movimiento oculto de tus labios carnosos,
con demasiado aplomo y embusteros,
me hacen vivir en ellos:
en tus encías, en tus dientes, no
en tus ojos.

Contemplo tu sonrisa
que me hilvana y me cose
con esa libertad tan misteriosa
que es juventud y casi menosprecio.

Adiós, adiós. Recordaré, a la sombra
de otros labios más claros que los tuyos,

IV

Merely a Smile

Only what isn't loved can be lost.
Or that which is loved?
When remorse achieves knowledge,
high walls on the outside
and windows on the inside, sometimes
a passing smile arrives, like
yours right now.
Although I don't know you, scarcely a child
but with a woman's tough flesh,
I have the silent
feverish key with which I'm entering,
without clarity or certainty,
and perhaps at the wrong time,
into your half-open mouth
just for an instant, like the love of the air
or the surprise of solitude.

And the column of breath,
so evanescent and immortal,
the hidden movement of your full lips,
with too much aplomb and lying,
make me live in them:
in your gums, in your teeth, not
in your eyes.

I ponder your smile
which tacks me and sews me
with that freedom, so mysterious
that is youth and almost contempt.

Good-bye, good-bye. I'll remember, in the shade
of other lips, clearer than yours,

esta aventura silenciosa.
No ha sido nada: sólo una sonrisa.

Mientras tú duermes

Cuando tú duermes
pones los pies muy juntos,
alta la cara y ladeada, y cruzas
y alzas las rodillas, no astutas todavía;
la mano silenciosa en la mejilla izquierda
y la mano derecha en el hombro que es puerta
y oración no maldita.

Qué cuerpo tan querido,
junto al dolor lascivo de su sueño,
con su inocencia y su libertad,
como recién llovido.

Ahora que estás durmiendo
y la mañana de la almohada,
el oleaje de las sábanas,
me dan camino a la contemplación,
no al sueño, pon, pon tus dedos
en los labios,
y el pulgar en la sien,
como ahora. Y déjame que ande
lo que estoy viendo y amo: tu manera
de dormir, casi niña,
y tu respiración tan limpia que es suspiro
y llega casi al beso.
Te estoy acompañando. Despiértate. Es de día.

the silent adventure.
It has been nothing: only a smile.

While You Sleep

When you sleep
you put your feet so very close together,
your face high and sideways, and you cross
and raise your knees, still uncanny;
the quiet hand on your left cheek
and your right hand on your shoulder that is a door
and a undamned prayer.

Such a loved body,
beside the lewd pain of its sleep,
with its innocence and its freedom,
as if just rained down.

Now that you're sleeping
and the morning of the pillow,
the swell of the sheets
show me the path to contemplation,
not to sleep, put, put your fingers
on your lips,
and your thumb on your temple,
like right now. And let me walk by
what I love and I'm looking at: your way
of sleeping, almost childlike,
and your breath, so clean, that it is a sigh
and almost becomes a kiss.
I'm walking along with you. Wake up. It's daytime.

Música callada

Madera de temblor, sonando en cada veta
fresca, de ocre dorado,
en cada nudo vivo, cerca al tabaco mate,
con su prudencia rumorosa, dando
un toque de aire puro. Y estoy dentro
de esa música, de ese
viento, de esa alta marea
que es recuerdo y festejo,
y conmiseración. Rumor de pasos,
con sigilo sorprendente ahora
en las estrías de este suelo, nunca
ciego, de castaño.
Y oigo de mil maneras
y con mil voces lo que no se escucha.
Lo que el hombre no oye. Y toco el quicio
muy secreto del aire, y va creciendo
la armonía, junto con el dolor.
Y oigo la piedra, su erosión, su cántico
interior, sin golondrinas
desdeñosas, sin nidos,
porque el nido está dentro, en el granito,
y ahí calienta, y alumbra, hoy en junio,
la cal viva.

Perdona mi ligera
traición de hace dos meses, pero te quiero, ven,
ven tú, ven tú,
y oye conmigo cómo crece el fruto,
porque sin ti no sé,
porque sin ti no amo. Tú ven, ven, oye conmigo,
oye la silenciosa
reproducción del polen, el embrión
audaz de la semilla, su germinación,
la flor crecida entre aventura hermosa,
abriéndose hacia el fruto. Pero el fruto

Quiet Music

Trembling timber, sounding in every fresh
grain, of golden ochre,
in every lively knot, near the matt tobacco,
with its murmuring prudence, lending
a touch of clear air. And I'm inside
that music, that
wind, that high tide
that is memory and festivity,
and compassion. Murmur of footsteps,
surprisingly stealthy now
on the grooves of this floor, never
blind, of chestnut wood.
And I hear in a thousand ways
and with a thousand voices what can't be heard.
What man cannot hear. And I touch the very secret
hinge of the air, and harmony is
increasing, along with pain.
And I hear the stone, its erosion, its inner
song, without disdainful
swallows, without nests,
because the nest is inside, in the granite,
and in there the quicklime heats and lights up,
today in June.

Forgive my casual
betrayal two months ago, but I love you, come,
come here, you, come,
and hear with me the fruit growing,
because without you I don't know,
because I can't love without you. Come, you, come, hear with me,
hear the quiet
reproduction of pollen, the daring
embryo of the seed, its germination,
the flower, bloomed amid a beautiful adventure,
blossoming toward the fruit. But the fruit

es soledad, vacila, se protege;
con su aceite interior teje su canto
delicado, y de su halo
hace piel o hace cáscara.
Hace distancia que es sonido. ¡Cómo
suenan la almendra, la manzana, el trigo!

El sonido callado. Oigo las calles
generosas e injustas de mi pueblo
como en mi infancia,
en esta fiesta de tus labios, de
tu carne que es susurro y es cadencia
desde las uñas de los pies, sonando a marejada,
hasta el pelo algo gris, como el rumor del agua quieta
o el de los chopos al atardecer.

No sólo estamos asombrados, mudos, casi ciegos
frente a tanto misterio, sino sordos.
Qué vena tan querida,
tan generosa y cruel con su latido.

¿Qué más? ¿Qué más? ¿Es que oiremos tan sólo,
después de tanto amor y de tanto fracaso
la música de la sombra y el sonido del sueño?

Hermana mentira

¿Por qué me está mirando
el aire? La mañana es clara.
Salgo de casa y siento
esta ternura musical del cielo
y la luz que se ofrece. Están las calles
muy inocentes, con llaneza, ayuda,
recién regadas. Pero,

is solitude, it hesitates, it shields itself;
with its inner oil it weaves its delicate
song, and out of its halo
its makes a peel or a shell.
It makes a distance, that is sound. How
the almond, the apple, the wheat sound!

The quiet sound. I hear the generous
and unjust streets of my village
as when I was a child,
in this festival of your lips, of
your flesh that is whispering and is rhythm
from the nails of your toes, sounding like a heavy swell,
up to your hair, somewhat grey, like the murmur of quiet water
or that of poplars at dusk.

Not only are we astonished, mute, almost blind
at so much mystery, but also deaf.
What a beloved vein,
so generous and cruel with its pulse.

What else? What else? Is it that we'll only hear,
after so much love and so many failures
the music of shadows and the sound of dreams?

Sister Lie

Why is the air looking
at me? The morning is clear.
I leave my house and feel
this musical tenderness of the sky
and the light that's being offered. The streets,
very innocent, with simplicity and help,
have just been watered. But,

¿por qué me está acusando
el aire?
¿Qué es lo que pido, qué es lo que he perdido,
qué es lo que gano ahora?

Tú cállate o habla
sin posible desvío,
entre la sombra generosa, entre
el bullicio o la gracia.
Y no te quejes. Hay clima templado,
cálido hoy;
crece el naranjo y la mostaza negra,
de semillas rojizas, en las viejas paredes.
Tiza, aceite,
carbón en las paredes. ¿Y qué dicen
esas palabras como verdaderas,
mal escritas,
ahí, en la cal?
Nunca me mires tú con la mirada baja,
con ojeras,
rumorosa a mi engaño
lleno de ti, como está llena
la gota de agua, muy trémulamente,
de la fecundidad de su mentira
desnuda y plata.

Pero, ¿por qué me está mirando
el aire
si ahora estoy maldiciendo
su ilusión y su trampa?
Cállate, cállate. No cuentes y no mientas.
Pero, ¿por qué me está mirando el aire
con vileza y sin fe?

why is the air accusing
me?
What am I asking for, what have I lost,
what am I gaining now?

You, shut up or talk
without possible evasion,
amid the generous shades, between
the hubbub or the grace.
And don't complain. The weather's nice,
warm today;
the orange tree grows, and so does the black mustard,
of reddish seeds, on the old walls.
Chalk, grease,
charcoal on the walls. And what do those words
say, as if they were true,
badly written,
over there, on the whitewash?
Don't ever look at me with your lowered gaze,
with rings under your eyes,
murmuring about my deceit
so full of you, as the drop of water
is full, very tremulously,
of the fertility of its lie,
bare and silvery.

But, why is the air looking
at me
now that I'm cursing
its delusion and its trap?
Shut up, shut up. Don't tell and don't lie.
But, why is the air looking at me
with vileness and without faith?

Voz sin pérdida

I

Este viento de marzo
da libertad y bienaventuranza.
Como tu voz, que es casi luz, almendra
abierta de misterio y de lujuria,
con sus tonos astutos, tierna y seca, latiendo
tan desnuda que limpia la alegría,
con su esmalte y sus ángulos,
sus superficies bien pulimentadas,
no con arrugas, pero
penetrando en mí siempre,
unas veces sumisa y precavida,
trémula de inocencia otras, y en secreto,
bien sé si turbio o si transparente.
Su oscuridad, su vuelo
a ras de tierra, como el del vencejo
o a medio aire como el de la alondra,
su ronquera nocturna, y este viento de marzo
entre tu voz, y la ciudad, y el tráfico . . .

Su terreno rocoso, casi de serranía,
el timbre embravecido y firme, conmovido, escondido
en ese cielo de tu boca, en ese
velo del paladar, tan oloroso como
el laurel, cerca del mar Cantábrico, desde donde
te oigo y amo.

II

He oído y he creído en muchas voces
aunque no en las palabras.
He creído en los labios
mas no en el beso.

Voice Without a Loss

I

This March wind
brings freedom and happiness.
Like your voice, which is almost light, an almond
open to mystery and lust,
with its astute tones, tender and dry, beating
so nakedly that it cleanses every joy,
with its varnish and its angles,
its well-polished surfaces,
not with wrinkles, but
always penetrating me,
sometimes submissive and wary,
other times trembling with innocence, and in secret,
I well know if shady or transparent.
Its darkness, its flight
almost at ground level, like the swift's,
or in mid-air like the skylark's,
its night hoarseness, and this March wind
amid your voice, and the city, and the traffic . . .

Its rocky terrain, almost of mountain range,
its timbre, rough and firm, emotional, hidden
in that roof of your mouth, in that
soft palate, as fragrant as
bay leaves, by the Cantabrian Sea, from where
I hear and love you.

II

I've heard and I've believed in many voices
though not in words.
I've believed in lips
but not in kisses.

En tu voz, más poblada que tu cuerpo,
en el camino hacia
la cadera de tu entonación,
hacia lo que me acoge y me calienta,
hacia tu aliento, tu aire, tu amor puro
entre el pulmón y la laringe: siempre
con la luz dentro, aunque ahora oiga mentiras,
con el amanecer de la palabra
en el cielo mohoso y estrellado de la boca.

Que mientan ellas, las palabras tuyas.
Yo quiero su sonido: ahí, en él, tengo
la verdad de tu vida, como el viento,
ya sereno, de marzo. Óyelo. Habla.

Ahí mismo

Te he conocido por la luz de ahora,
tan silenciosa y limpia,
al entrar en tu cuerpo, en su secreto,
en la caverna que es altar y arcilla,
y erosión.
Me modela la niebla redentora, el humo ciego
ahí, donde nada oscurece.
Qué transparencia ahí dentro,
luz de abril,
en este cáliz que es cal y granito,
mármol, sílice y agua. Ahí, en el sexo,
donde la arena niña, tan desnuda,
donde las grietas, donde los estratos,
el relieve calcáreo,
los labios crudos, tan arrasadores
como el cierzo, que antes era brisa,
ahí, en el pulso seco, en la celda del sueño,
en la hoja trémula

In your voice, fuller than your body,
on the road to
the hip of your tone,
to what shelters and warms me,
to your breath, your air, your pure love
between your lung and your larynx: always
with light inside, even though I'm hearing lies now,
with the dawning of the word
in the mouldy and starry dome of the mouth.

Let them lie, those words of yours.
I want their sound: there, in it, I have
the truth of your life, like this March wind,
now calm. Listen to it. It's talking.

Right There

I've recognised you by the present light,
so silent and clean,
on entering into your body, into its secret,
the cavern that is altar and clay,
and erosion.
The redeeming fog, the blind smoke shape me
there, where nothing darkens.
What a transparency in there,
April light,
in this chalice which is lime and granite,
marble, silica, and water. There, in your genitals,
where the young sand, so naked,
where the crevices, where the strata,
the calcareous terrain,
the harsh lips, as devastating
as the north wind, which was a breeze before,
there, in the dry pulse, in the cell of sleep,
in the tremulous leaf,

iluminada y traspasada a fondo
por la pureza de la amanecida.
Donde se besa a oscuras,
a ciegas, como besan los niños,
bajo la honda ternura de esta bóveda,
de esta caverna del resplandor
donde te doy mi vida.
Ahí mismo: en la oscura
inocencia.

Salvación del peligro

Esta iluminación de la materia,
con su costumbre y con su armonía,
con sol madurador,
con el toque sin calma de mi pulso,
cuando el aire entra a fondo
en la ansiedad del tacto de mis manos
que tocan sin recelo,
con la alegría del conocimiento,
esta pared sin grietas,
y la puerta maligna, rezumando,
nunca cerrada,
cuando se va la juventud, y con ella la luz,
salvan mi deuda.

Salva mi amor este metal fundido,
este lino que siempre se devana
con aguamiel,
y el cerro con palomas,
y la felicidad del cielo,
y la delicadeza de esta lluvia,
y la música del
cauce arenoso del arroyo seco,
y el tomillo rastrero en tierra ocre,

lit up and thoroughly pierced
by the purity of dawn.
Where one kisses in darkness,
blindly, the way children kiss,
beneath the deep tenderness of this dome,
of this cavern of brightness
where I give you my life.
Right there: in the dark
innocence.

Salvation from Danger

This illumination of matter,
with its habit and with its harmony,
with a ripening sun,
with the calmless beat of my pulse,
when the air enters fully
in the anxious touch of my hands
that stroke unwarily,
with the joy of knowledge,
this wall without cracks,
and the malignant door, oozing,
never closed,
when youth slips away, and with it the light,
they settle my debt.

This molten metal saves my love,
this linen that is always wound
with water-and-honey,
and the hill with pigeons,
and the happiness of the heavens,
and the delicacy of this rain,
and the music of the
sandy bed of the dry stream,
and the trailing thyme in an ochre soil,

la sombra de la roca a mediodía,
la escayola, el cemento,
el zinc, el níquel,
la calidad del hierro, convertido, afinado
en acero,
los pliegues de la astucia, las avispas del odio,
los peldaños de la desconfianza,
y tu pelo tan dulce,
tu tobillo tan fino y tan bravío,
y el frunce del vestido,
y tu carne cobarde . . .
Peligrosa la huella, la promesa
entre el ofrecimiento de las cosas
y el de la vida.

Miserable el momento si no es canto.

Sin adiós

Qué distinto el amor es junto al mar
que en mi tierra nativa, cautiva, a la que siempre
cantaré,
a la orilla del temple de sus ríos,
con su inocencia y su clarividencia,
con esa compañía que estremece,
viendo caer la verdadera lágrima
del cielo
cuando la noche es larga
y el alba es clara.

Nunca sé por qué siento
compañero a mi cuerpo, que es augurio y refugio.
Y ahora, frente al mar,
qué urdimbre la del trigo,
la del oleaje,

the shade of the rock at midday,
the plaster, the concrete,
the zinc, the nickel,
the quality of iron, turned, refined
into steel,
the folds of cunning, the wasps of hatred,
the steps of distrust,
and your hair, so sweet,
your ankle, so fine and so free-spirited,
and the gathering in your dress,
and your cowardly flesh . . .
Dangerous the trace, the promise
between the offering of things
and that of life.

Miserable the moment if it is not song.

Without a Farewell

How different love is by the sea
than in my native, captive land, to which I'll always
sing,
on the tempering shore of its rivers
with their innocence and clear-sightedness,
with that company that makes one shudder,
seeing the true tear fall
from the heavens
when the night is long
and the dawn is clear.

I never know why I feel
my body, that is omen and refuge, to be a companion.
And now, before the sea,
what a warping of the wheat,
of the swell,

qué hilatura, qué plena cosecha
encajan, sueldan, curvan
mi amor.

El movimiento curvo de las olas,
por la mañana,
tan distinto al nocturno,
tan semejante al de los sembrados,
se van entrando en
el rumor misterioso de tu cuerpo,
hoy que hay mareas vivas
y el amor está gris perla, casi mate,
como el color del álamo en octubre.

El soñar es sencillo, pero no el contemplar.
Y ahora, al amanecer, cuando conviene
saber y obrar,
cómo suena contigo esta desnuda costa.

Cuando el amor y el mar
son una sola marejada, sin que el viento nordeste
pueda romper este recogimiento,
esta semilla sobrecogedora,
esta tierra, esta agua
aquí, en el puerto,
donde ya no hay adiós, sino ancla pura.

what a spinning, what a full harvest
push, solder, curve
my love.

The curved movement of the waves,
in the morning,
so different from that at night,
so similar to that of the sown fields,
are entering into
the mysterious murmur of your body,
today when there are spring tides
and love is pearl grey, almost matt,
like the colour of the poplar in October.

Dreaming is easy, but contemplating is not.
And now, at dawn, when it is as well
to know and to do,
how this bare coast sounds like you.

When love and the sea
are one heavy swell, without the northeast wind
being able to break this meditation,
this startling seed,
this land, this water
here, in port,
where there's no farewell anymore, but a pure anchor.

V

Elegía desde Simancas
(Hacia la Historia)

I

Ya bien mediado abril, cuando la luz no acaba
nunca,
y menos aún de noche,
noche tan de alba que nos resucita,
y nos camina
desde esta piedra bien pulimentada,
respiramos la historia, aquí, en Simancas.
Y se va iluminando
la curva de los muebles,
las fibras del papel ardiendo en la peña madre,
el ábside de los pergaminos,
la bóveda de las letras. Y los nombres cantando
con dolor, con mentira, con perjurio,
con sus resabios de codicia y de
pestilencia y amor. Y se va alzando
el cristal, donde un nuevo recocido
limpia sus poros y moldea a fondo
su transparencia, junto a las encinas
en alabanza con su sombra abierta.

La corteza del pan, que ahora está en manos
de la mañana,
y la miga que suena
a campana
nos aclaran, serenan,
aún ocultando la mirada ocre
de la envidia,
el hombro de la soberbia, los labios secos de la injusticia,
la cal de sosa, el polvo del deseo,

V

Elegy from Simancas
(Toward History)

I

With April well halfway through, when the light never
ends,
and even less at night,
a night so dawn-like that it brings us from the dead,
and walks us
from this well-polished stone,
we breathe history, here, in Simancas.
And it goes off lighting up
the contour of furniture,
the fibres of paper burning on the highest crag,
the apse of parchments,
the dome of letters. And the names singing
with grief, with falsehood, with perjury,
with their vice of avarice and of
pestilence and love. And the glass
is rising, where a new annealing
cleanses its pores and fully moulds
its transparency, near the holm oaks
praising with their open shadows.

The crust of bread, that now is in morning's
hands,
and the crumb that sounds
like a bell
rinse, calm us,
still concealing the ochre gaze
of envy,
the shoulder of arrogance, the dry lips of injustice,
the quicklime, the dust of desire,

con un silencio que estremece y dura
entre las vértebras de la historia, en la hoja
caduca y traspasada en cada vena
por la luz que acompaña
y ciega, y purifica el tiempo
sobre estos campos, con su ciencia íntima,
bajo este cielo que es sabiduría.

II

Nunca de retirada, y menos aún de noche,
alta de sienes,
tan sencilla, amasada
en la cornisa de la media luz,
entre las rejas del conocimiento,
en la palpitación del alma,
llega la amanecida.
Y el resplandor se abre
dando vuelo a la sombra.

Como lince de caza en la ladera,
al acecho, mirando casi con su hocico,
como el milano real o la corneja
cenicienta, en el tiempo
de invernada, así vienen ahora
la rapacidad, el beso,
la imagen de los siglos,
la de mi misma vida.

                Hay nidos
de palomas, y halcones
ahí, en las torres, mientras canta el gallo
en el altar, y pica
la camisa ofrecida y humilde y en volandas
en la orilla derecha del Pisuerga.
¿No ha sucedido nada o todo ha sucedido?

with a silence that makes tremble and lasts
amid the vertebrae of history, in the deciduous
leaf, pierced in every vein
by the light that accompanies
and blinds, and purifies time
above these fields, with its intimate science,
beneath this sky that is wisdom.

II

Never withdrawn, even less still at night,
with its head held high,
so simple, kneaded
on the cornice of the half-light,
behind the bars of knowledge,
in the throbbing of the soul,
daybreak arrives.
And the gleaming opens up
encouraging darkness.

Like a lynx hunting on the mountainside,
lurking, looking almost with its nose,
like the red kite or the hooded
crow, in the winter
time, so come now
rapacity, the kiss,
the image of the centuries,
that of my very life.

                    There are pigeon
nests, and hawks
over there, on the towers, while the cock crows
on the altar, and pecks
the proffered, humble shirt, blown by the wind,
on the right bank of the Pisuerga.
Has nothing happened, or has everything happened?

Aire, que nos acunas
y que nunca nos dejas
marchitar porque arropas
de mil maneras,
tan seguro y audaz, desde los coros
del pulmón,
hasta la comisura de los labios,
ven tú. Eres todo.

III

La historia no es siquiera
un suspiro,
ni una lágrima pura o carcomida
o engañosa: quizá una carcajada.
Pero aquí está el sudor
y el llanto, aquí, el abrigo
de la lana y el cuerpo repujado,
en la seda, el esparto,
en la humildad del sebo,
en la armonía de la harina,
en la saliva en flor, lamida y escupida
y pidiendo
pulpa de dátil o un amor cobarde
en las ciudades esperando el tráfico.

Estoy entre las calles
vivas de las palabras: muchas se ven escritas,
finas como el coral,
color rojizo oscuro,
en manuscritos; otras
batiendo alas en tantas paredes,
dichas a pleno labio,
mientras tú estás enfrente, cielo mío,
y no me das reposo. Calla, calla.
Aquí ya no hay historia ni siquiera leyenda;

Air, you that rock us
and that never let us
wither because you wrap us
up in a thousand ways,
so sure and daring, from the choirs
of the lungs
to the corners of the mouth,
come. You are everything.

III

History is not even
a sigh,
or a tear, pure or worm-eaten
or deceitful: perhaps a guffaw.
But here is the sweat,
and the crying, here, sheltered
by the wool and the embossed leather,
in the silk, the esparto,
in the humility of the grease,
in the harmony of the flour,
in the saliva in bloom, licked and spat
and asking for
the flesh of dates or a cowardly love,
in the cities waiting for the traffic.

I am amid the living
streets of words: many are written,
fine as coral,
a dark reddish colour,
in manuscripts; others,
flapping their wings on many a wall,
are spoken frankly,
while you're facing me, my dear,
and won't give me a rest. Hush, hush.
There's no more history here or even legend;

sólo tiempo hecho canto
y luz que abre los brazos recién crucificada
bajo este cielo siempre en mediodía.

only time turned into song
and light, with open arms, just crucified
beneath this sky always at midday.

Casi una leyenda

[1991]

Almost a Legend

[1991]

Casi una leyenda

Calle sin nombre

I

¿Y no hay peligro, salvación, castigo,
maleficio de octubre
tras la honda promesa de la noche,
junto al acoso de la lluvia que antes
era secreto muy fecundo y ahora me está lavando
el recuerdo, sonando sin lealtad,
enemiga serena en esta calle?
¿Y la palpitación oscura del destino,
aún no maduro hoy?
Oigo la claridad nocturna y la astucia del viento
como sediento y fugitivo siempre.
Pero, ¿dónde está, dónde
ese nido secreto de alas amanecidas
de golondrinas?
Alguien me llama desde
estas ventanas esperando el alba,
desde estas casas transparentes, solas,
con destello y ceniza
y con la herencia de sus cicatrices mientras
esta puerta cerrada se hace música
esperando una mano que la abra
sin temor y sin polvo. ¿Y dónde los vecinos?

II

Está ya clareando.
Y cuando las semillas de la lluvia
fecundan el silencio y el misterio,
la espuma de la huella

Almost a Legend

Street Without a Name

I

And is there no danger, salvation, punishment,
October curse
after the night's deep promise,
along with the harassment of the rain that before
was a very fertile secret and now is washing
my memory, unfaithfully sounding,
tranquil enemy in this street?
And the dark throbbing of destiny,
not yet mature today?
I hear the nocturnal clarity and the wind's cunning,
as if always thirsty and fleeing.
But where is it, where
that secret nest of the swallows'
dawned wings?
Someone's calling me from
those windows, waiting for the dawn,
from those transparent houses, lonely,
with sparkles and ashes
and with the legacy of their scars while
this closed door turns into music
waiting for a hand that will open it
without fear or dust. And where the neighbours?

II

Dawn is breaking.
And when the seeds of rain
make fertile the silence and the mystery,
the foam of the trace

sonando en inquietud, con estremecimiento,
como si fuera la primera vez
entre el aire y la luz y una caricia,
ya no importan como antes,
el canto vivo en forja
del contorno del hierro en los balcones,
las tejas soleadas
ni el azul mate oscuro
del cemento y del cielo.
La calle se está alzando. ¿Y quién la pisa?
¿Hay que dejar que el paso, como el agua,
se desnude y se lave
algunas veces seco, ágil o mal templado;
otras veces, como ahora
tan poco compañero, sin entrega ni audacia,
caminando sin rumbo y con desconfianza
entre un pueblo engañado, envilecido,
con vida sin tempero,
con libertad sin canto?

Me está hablando esta acera como un ala
y esta pared en sombra que me fija y me talla
con la cal sin tomillo y sin vuelo sin suerte
la juventud perdida. Hay que seguir. Más lejos . . .
Y voy de puerta en puerta
calle arriba y abajo
y antes de que me vaya
quiero ver esa cara ahí a media ventana,
transparente y callada
junto al asombro de su intimidad
con la cadencia del cristal sin nido
muy bien transfigurada por la luz,
por el reflejo duro de meseta,
con pudor desvalido,
asomada en silencio y aventura.
Quiero ver esa cara. Y verme en ella.

sounding restlessly, shuddering,
as if it were the first time
amid the air and the light and a caress,
no longer important as before
the vibrant song, forged
in the shape of the iron of balconies,
the sunstruck roof-tiles
nor the matt, dark blue
of concrete and of the heavens.
The street is rising. And who's treading on it?
Should one's step be allowed, like water,
to strip and wash
sometimes dry, agile or immoderate;
other times, as now
a poor companion, without devotion or boldness,
wandering aimlessly and with distrust
amid a deceived, debased people,
with unready life,
with unsung freedom?

This pavement, like a wing, is talking to me,
and this shaded wall that fixes and shapes
with whitewash without thyme or unlucky flight
my lost youth. I should go on. Farther . . .
And I go from door to door
up and down the street
and before I leave
I want to see that face there in mid window,
transparent and quiet
along with the amazement of its intimacy
with the cadence of the nestless glass
very well transfigured by the light,
by the plateau's harsh reflection,
with needy shyness,
looking out silently and adventurously.
I want to see that face. And to see myself in it.

III

Ha amanecido. Y cada esquina canta,
tiembla recién llovida. Están muy altos
el cemento y el cielo.
Me está llamando el aire con rutina,
sin uso.
El violeta nuevo de las nubes
vacila, se acobarda. Y muy abiertas
vuelan las golondrinas y la ciudad sin quicios,
el bronce en flor de las campanas. ¿Dónde,
dónde mis pasos?
Tú no andes más. Di adiós.
Tú deja que esta calle
siga hablando por ti, aunque nunca vuelvas.

III

Dawn has broken. And every just rained-on corner
sings, trembles. The concrete and the heavens
are very high.
The air is calling me out of habit,
uselessly.
The new violet of the clouds
hesitates, shrinks back. And very openly
the swallows fly and so does the city without jambs,
the blooming bronze of the bells. Where,
where my steps?
Walk no more. Say good-bye.
Let this street
continue talking for you, even if you never return.

De noche y por la mañana

Revelación de la sombra

Sin vejez y sin muerte la alta sombra
que no es consuelo y menos pesadumbre,
se ilumina y se cierne
cercada ahora por la luz de puesta
y la infancia del cielo. Está temblando,
joven, sin muros, muy descalza, oliendo
a alma abierta y a cuerpo con penumbra
entre los labios de la almendra, entre
los ojos del halcón, la nube opaca,
junto al recuerdo ya en decrepitud,
y la vida que enseña
su oscuridad y su fatiga,
su verdad misteriosa, poro a poro,
con su esperanza y su polilla en torno
de la pequeña luz, de la sombra sin sueño.
¿Y dónde la caricia de tu arrepentimiento,
fresco en la higuera y en la acacia blanca,
muy tenue en el espino a mediodía,
hondo en la encina, en el acero, tallado casi en curva,
en el níquel y el cuarzo,
tan cercano en los hilos de la miel,
azul templado de ceniza en calles,
con piedad y sin fuga en la mirada,
con ansiedad de entrega?

Si yo pudiera darte la creencia,
el poderío limpio, deslumbrado,
de esta tarde serena . . .
¿Por qué la luz maldice y la sombra perdona?
El viento va perdiendo su tiniebla madura
y tú te me vas yendo
y me estás acusando,

At Night and in the Morning

Revelation of the Shadow

Without old age or death the high shadow,
which isn't solace and even less sorrow,
lights up and hovers
fenced off now by a sunset light
and a child-like sky. It's trembling,
young, without walls, very barefoot, smelling
like an open soul and like a body in half-light
between the lips of the almond, between
the hawk's eyes, the opaque cloud,
beside the memory now in decrepitude,
and life that shows
its darkness and its fatigue,
its mysterious truth, pore by pore,
with its hope and its moth around
the small light, around the sleepless shadow.
And where's the caress of your repentance,
fresh in the fig tree and in the white acacia,
very faint in the hawthorn at midday,
deep in the holm oak, in steel, shaped almost in curve,
in nickel and quartz,
so close in the threads of honey,
a blue distempered with ash in the streets,
with pity and without flight in its gaze,
with anxiety of surrender?

If only I could give you belief,
the clean, dazzled power
of this fine afternoon . . .
Why does light curse and shadow forgive?
The wind is losing its mature darkness
and you're leaving me
and you're accusing me,

me estás iluminando. Quieta, quieta.
Y no me sigas y no me persigas.
Ya nunca es tarde. ¿Pero qué te he hecho
si a ti te debo todo lo que tengo?
Vete con tu inocencia estremecida
volando a ciegas, cierta,
más joven que la luz. Aire en mi aire.

La mañana del búho

Hay algunas mañanas
que lo mejor es no salir. ¿Y adónde?
La semilla desnuda, aquí, en el centro
de la pupila en plena
rotación
hacia tanta blancura repentina
de esta ola sin ventanas
cerca de la pared del sueño entre alta mar
y la baja marea,
¿hacia dónde me lleva?
¡Si lo que veo es lo invisible, es pura
iluminación,
es el origen del presentimiento!
Es este otoño de madera y de ecos
de olivo y abedul
con la rapacidad del ala lenta
ladeando y girando,
con vuelo viejo avaro de la noche,
con equilibrio de la pesadilla,
con el pico sin cera, sin leche y sin aceite,
y el plumaje sin humo, la espuma que suaviza
la saliva, la sal, el excremento
del nido . . . Hay un sonido
de altura, moldeado
en figuras, en vaho

you're illuminating me. Stay, stay.
And don't follow me and don't pursue me.
It's never late now. But what have I done to you
if I owe you everything I have?
Go away with your jangled innocence
flying blindly, with assurance,
younger than light. Air in my air.

The Morning of the Owl

There are mornings
it's best not to go out. And where to?
The naked seed, here, in the centre
of the pupil in full
rotation
toward so much unexpected whiteness
of this windowless wave
near the wall of the dream between high-tide
and low-tide,
where does it bring me?
What I see indeed is the invisible, it is pure
illumination,
it is the origin of presentiment!
It is the autumn of timber and echoes
of olive and birch tree
with the rapacity of the slow wing
swaying and turning,
with an old avaricious flight of night,
with an equilibrium of nightmare,
with the waxless beak, without milk and without oil,
and the smokeless plumage, the foam that softens
saliva, salt, the excrement
of the nest . . . There is a sound
of height, moulded
in figures, in eucalyptus

de eucalipto. No veo, no poseo.
¿Y esa alondra, ese pámpano
tan inocentes en la viña ahora,
y el vencejo de leña y de calambre,
y la captura de la liebre, el nácar
de amanecida y la transparencia
en pleamar naranja de la contemplación?

¿Y todo es invisible? ¡Si está claro
este momento traspasado de alba!
Este momento que no veré nunca.
Esta mañana que no verá nadie
porque no está creada,
esta mañana que me va acercando
al capitel y al nido.
¿Y este aleteo sin temor ni viento,
la epidemia, el mastín y la crisálida
con la luz de meseta?
Cómo cantaba mayo en la noche de enero.
Junto al relieve y el cincel, la lima
y el buril hay ciudad,
mano de obra y secreto en cada grieta
de la oración y de la redención,
y la temperatura de la piedra
orientada hacia el este
con una ciencia de erosión pulida,
de quietud de ola en vilo, de aventura
que entra y sale a la vez. Ahí las escenas
de historia, teología, fauna, mitos
y la ley del granito, poro a poro,
su cicatriz en cada veta ocre,
el rito de la lágrima
en riesgo frío y cristalino en lluvia
y con el girasol que ya se lava
entre el búho y la virgen.
No hay espacio ni tiempo: el sacramento
de la materia.

fume. I don't see, I don't possess.
And that lark, that tendril
so innocent in the vineyard now,
and the swift of the firewood and the spasm,
and the capture of the hare, the mother-of-pearl
of dawn and the transparency
in an orange high-tide of contemplation?

And is everything invisible? This
dawn-filled moment is clear!
I will never see this moment.
No one will see this morning
because it is not created,
this morning that draws me closer
to the spire and the nest.
And this flapping of wings without fear or wind,
the epidemic, the mastiff and the chrysalis
with plateau light?
How May sang on the January night.
Beside the relief and the chisel, the file
and the burin there is the city,
handiwork and secrecy in every crevice
of prayer and redemption,
and the temperature of the stone
pointed toward the east
with a science of polished erosion,
of quietness of a wave in suspense, of adventure
that enters and leaves at once. Here the scenes
of history, theology, fauna, myths
and the law of granite, pore by pore,
their scar in every ochre seam,
the rite of the tear
in cold and crystalline risk in rain
and with the sunflower now washed
between the owl and the virgin.
This is neither space nor time: the sacrament
of matter.

¿Y qué voy a saber si a lo mejor mañana
es nuevo día?
Cuánta presencia que es renacimiento,
y es renuncia, y es ancla
del piadoso naufragio
de mi ilusión de libertad, mi vuelo . . .
Adivinanza, casi pensamiento
junto al hondo rocío
del polvo de la luz, del misterio que alumbra
este aire seguro,
esta salud de la madera nueva
y llega germinando
hasta el néctar sin prisa, bien tallado
en la jara quemada.
Es la gracia, es la gracia, la visión,
el color del oráculo del sueño,
la nerviación de la hoja del laurel,
la locura de la contemplación
y cuántas veces maldición, niñez,
sonando en cada ala con sorpresa.
¡El manantial temprano y el lucero
de la mañana!
Y el placer, la lujuria, el ruin amparo
de la desilusión, el roce
de mis alas pesadas, tan acariciadoras,
casi entreabiertas cuando
ya no hay huida ni aún conocimiento
antes de que ahora llegue
el arrebol interminable . . . ¡Día
que nunca será mío y que está entrando
en mi subida hacia la oscuridad!
¿Viviré el movimiento, las imágenes
nunca en reposo
de esta mañana sin otoño siempre?

And how will I know if perhaps tomorrow
is a new day?
How much presence that is rebirth,
and renunciation, and is an anchor
of the pious shipwreck
of my illusion of liberty, my flight . . .
Supposition, almost thought
beside the deep dew
of the dust of light, of the mystery that lights up
this secure air,
this health of new timber
and arrives germinating
as far as the nectar without haste, well carved
in the burnt spear of the rock-rose.
It is the grace, it is the grace, the vision,
the colour of the oracle of dream,
the nervation of the laurel leaf,
the madness of contemplation
and so often malediction, childhood,
sounding on every wing without surprise.
The early fount and the bright star
of morning!
And the pleasure, the lust, the vile shelter
of disillusionment, the friction
of my heavy wings, so caressing,
almost half-open now
when there is no fleeing or even knowledge
before the endless crimson sky
comes now . . . Day
that will never be mine and that is entering
into my ascent toward obscurity!
Shall I live the movement, the images
never in repose
of this morning forever autumnless?

Nocturno de la casa ida

Es la hora de la puesta,
cuando el olor del viento de levante
está perdiendo intimidad, y apenas
si una cadencia a pino joven, a humo
de caserío, a heno,
a luz muy poco amiga
que está perdiendo poco a poco su alma
entre codicia y libertad en torno
a las nubes de falsa platería,
y mis pies destemplados
andando antes de tiempo
en la sublime soledad, en la alta
sequía, este olor claro
me orienta y da . . .

Estoy llegando tarde. Es lo de siempre.
Llega el deseo de la claridad,
del silencio maldito ya muy cerca
como aleteo en lunación de alba.
Y no hay manera de salvar la vida.
Y no hay manera de ir donde no hay nadie.

Voy caminando a sed de cita, a falta
de luz.
Voy caminando fuera de camino.
¿Por qué el error, por qué el amor y dónde
la huella sin piedad?
Ahora que estoy mirando el cielo verdadero
aquí, a la vuelta
de esta calle, ¿qué pasa?
¡Si se me cae encima como entonces
y lo que era infinito y aventura
y la velocidad de la inocencia
y el resplandor de lo que fue prodigio
y que me dio serenidad y ahora

Nocturne of the House Gone

It's the time of sunset,
when the smell of the east wind
is losing intimacy, and barely
a cadence of young pine, of smoke
from a country house, of hay,
of very little friendly light
which is gradually losing its soul
with greed and freedom around
the clouds of fake silverware,
and my discordant feet
walking out of time
in the sublime solitude, in the high
drought, this clear smell
guides me and gives . . .

I'm arriving late. It's the same old story.
There arrives the wish for clarity,
for the cursed silence now very close
like wing-flapping in a lunar month of dawn.
And there's no way to save life.
And there's no way of going where there's no one.

Lacking light, I'm walking in thirst
for a meeting.
I'm walking off the road.
Why the error, why the love and where
the merciless footprint?
Now that I'm looking at the true heavens
here, around
this street corner, what's going on?
But it's falling down on me as back then
and what used to be endless and an adventure
and the speed of innocence
and the shining of what used to be a wonder
and gave me peace of mind and now

tanta alegría prisionera! . . . Quiero
sostenerlo un momento, levantarlo
con la mirada, hasta
con la respiración, con el latido,
cielo a cielo,
vida a vida.

Se está haciendo de noche. Y qué más da.
Es lo de siempre pero todo es nuevo.
Tiembla como un sagrado
rocío, ya muy lejos
de los sentidos.
Hay un suspiro donde ya no hay aire,
hay un secreto haciéndose más claro
entre maldad de cuna y la primicia
del trébol de esta noche
de San Juan, la más clara
del año: la naranja
de junio.

Y las estrellas de blancura fría
en el espacio curvo
de la gravitación, y la temperatura,
las leyendas de las constelaciones,
la honda palpitación del cielo entero
y su armonía sideral y ciencia,
están entrando a solas
con un dominio silencioso y bello,
vívido en melodía
en esta casa.
Está entrando la noche, está sonando
en cada grieta, en cada fisura,
en el ladrillo bien cocido a fuego,
en la pared con fruto con tensión hueca en temple,
en la arena del cuarzo,
en la finura de la cal, el yeso,
el hormigón traslúcido,

so much imprisoned happiness! . . . I want
to hold it for a minute, raise it up
with my gaze, even
with my breath, with my pulse,
sky by sky,
life by life.

It's getting dark. It doesn't matter.
It's the same old story, but everything's new.
It trembles like a sacred
dew, now very far away
from the senses.
There's a sigh where there's no air any longer,
there's a secret becoming clearer
between the cradle's evil and the first fruit
of the clover in this St. John's
night, the clearest
of the year: the June
orange.

And the stars of cold whiteness
in the curved space
of gravitation, and the temperature,
the legends of the constellations,
the deep pulse of the whole heavens
and its sidereal harmony and science,
are entering by themselves
with a quiet and beautiful knowledge,
vivid in melody
in this house.
The night is entering, it's sounding
in every crack, in every split,
in the well-fired brick,
in the wall with fruit of hollow tension when hardening,
in the sand of quartz,
in the fine quicklime, the plaster,
the translucent concrete,

la arcilla ocre con el agua dentro,
el hierro dulce...
Es la desconfianza en la materia.
Es la materia lejos de los hombres
que no se hace a sí misma y se está haciendo.
Es la materia misma la que miente
como la avena loca del recuerdo,
como el delirio del cristal nocturno,
las ventanas del cielo,
presentimiento de la soledad.

Ven noche mía, ven, ven como antes
vivifica y deslumbra
tanto tiempo.
¿Dónde el crisol sin lúpulo
del horno de la oración, de la ofrenda y del rito?
¿Dónde el cielo recién aparecido
y recién sorprendido
por las estrellas que son siempre jóvenes?
Pero ya sin destino ahora mi cuerpo,
aún muy al filo de la media luz,
pierde armonía.
Y esta casa es un templo como la noche abierta
en música y en cruz,
la vibración del tallo del almendro,
la piel de la manzana
y la ceniza blanca, ya sin humo,
la miel sin muerte del romero, el rubio
gallo de pluma fina,
el arco iris de la piel de trucha,
el ámbar de los ojos y el aullido
del lobo de Sanabria,
la cocina y la anguila
de Navidad, la nata
y la harina pequeña...
Es la germinación bien soleada
de las ramas en rezo y desafío

the ochre clay with water inside,
the sweet iron . . .
It's the distrust in matter.
It's the matter far from men
that doesn't make itself and is making itself.
It's the very matter that lies
like the wild oats of memory,
like the ravings of the night glass,
the windows of the heavens,
premonition of solitude.

Come my night, come, come as before
revive and dazzle
so much time.
Where the crucible without hops
of the oven of prayer, of offering and of rite?
Where the heavens, just appeared
and just surprised
by the always young stars?
But now my body undestined,
still very much on the verge of half-light,
loses its harmony.
And this house is a temple like the open night
in music and in cross,
the shaking of the almond tree stem,
the apple peel
and the white ash, now smokeless,
the honey without death of the rosemary, the blond
cock of fine feather,
the rainbow of the trout skin,
the amber of the eyes and the howl
of the Sanabria wolf,
the kitchen and the Christmas
marzipan eel, the whipped cream
and the fine flour . . .
It's the very sunny germination
of the branches in prayer and challenge

entre bautismo y réquiem,
junto a dinero y sexo.
Ve la fulminación, la exhalación,
el sepulcro vacío y el sudario doblado,
la sábana de lino,
la reverberación de la resina,
de la mirra y el áloe
en el cuerpo desnudo ya sin tiempo
como polvo estelar y profecía,
como un temblor de manantial nocturno
violeta y azul.

Esta casa, esta noche
que se penetran y se están hiriendo
con no sé qué fecundidad, qué agua
ciega de llama
con transparencia y transfiguración,
con un silencio que no veré nunca.

¡Canten por fin las puertas y ventanas
y las estrellas olvidadas, cante
la luz del alma que hubiera querido,
lo volandero que es lo venidero
como canto de alondra en esta noche
de la mañana de San Juan y suene
la flauta nueva de las tejas curvas
en la casa perdida;
suene el olor a ala y a pétalo de trébol,
y la penumbra revivida, suenen
el arpa y el laúd junto al destello
de las sábanas, junto
al ojo y la yema
de un solo de violín, ágil de infancia;
suenen la escala, el tiempo, los arpegios,
los nudos y las cuerdas, la resonancia seca
de cada mueble y de cada sueño,
los anillos de polvo y la madera

between baptism and requiem,
along with money and sex.
See the blaze, the breath,
the empty sepulchre and the folded shroud,
the linen sheet,
the reverberation of the resin,
of the myrrh and the aloe
in the naked body now timeless
like stellar dust and prophecy,
like the tremor of a night water-spring,
violet and blue.

This house, this night
are piercing and wounding each other
with I don't know what fertility, what blind
water of a flame
with transparency and transfiguration,
with a silence I will never see.

Let at last the doors and windows sing
and the forgotten stars, and let sing
the light of the soul I would have loved,
the unexpected that is to come
like the song of the lark on this night
of the morning of St. John, and may
the new flute of the curved roof-tiles
sound on the lost house;
sound the smell of wing and of clover petal,
and the revived half-darkness, sound
the harp and the lute along with the sparkle
of the sheets, along with
the eye and the fingertip
of a violin solo, dextrous with childhood;
sound the scale, the tempo, the arpeggios,
the knots and the strings, the dry resonance
of every piece of furniture and every dream,
the rings of dust and the wood

de la familia a oscuras,
la danza de las voces, el tañido
de la traición!
Suene por fin este aire de planicie
hasta que se abra la mañana entera,
hasta que ahora se abra, se está abriendo
no sé qué gratitud,
qué crueldad en flor.

Esta casa, esta noche . . .
Dejadme en paz. Adiós. Ya es nuevo día.

Nuevo día

Después de tantos días sin camino y sin casa
y sin dolor siquiera y las campanas solas
y el viento oscuro como el del recuerdo
llega el de hoy.

Cuando ayer el aliento era misterio
y la mirada seca, sin resina,
buscaba un resplandor definitivo,
llega tan delicada y tan sencilla,
tan serena de nueva levadura
esta mañana . . .

Es la sorpresa de la claridad,
la inocencia de la contemplación,
el secreto que abre con moldura y asombro
la primera nevada y la primera lluvia
lavando el avellano y el olivo
ya muy cerca del mar.

Invisible quietud. Brisa oreando
la melodía que ya no esperaba.

of the family in the dark,
the dance of voices, the toll
of treachery!
Finally let sound this air of the plain
until the whole morning breaks,
until I don't know what gratitude,
what cruelty in bloom
breaks, is now breaking.

This house, this night . . .
Leave me alone. Good-bye. Now it's the new day.

New Day

After so many aimless and homeless
and even painless days and the lonely bells
and the dark wind like that of memory
to-day arrives.

Even though yesterday breath was a mystery
and the dry gaze, without resin,
was seeking a final sparkle,
this morning arrives,
so delicate and so simple,
so calm with fresh leaven . . .

It is the surprise of clarity,
the innocence of contemplation,
the secret that opens with moulding and awe
the first snowfall and the first rain
washing the hazel tree and the olive tree
so close to the sea.

Invisible stillness. Breeze airing
the melody I no longer expected.

Es la iluminación de la alegría
con el silencio que no tiene tiempo.
Grave placer el de la soledad.
Y no mires al mar porque todo lo sabe
cuando llega la hora
adonde nunca llega el pensamiento
pero sí el mar del alma,
pero sí este momento del aire entre mis manos,
de esta paz que me espera
cuando llega la hora
—dos horas antes de la medianoche—
del tercer oleaje, que es el mío.

Manuscrito de una respiración

«Y la respiración que es hondo espía
me trasluce y traspasa
no sé qué resplandor. Me está esperando
con taller y con lápida
desde el vértigo mismo de la hoja del pulmón
hasta la vena ciega
y me hiere y me ayuda
tierna en su fibra, bien cocida en limpio,
y me hilvana y me cose
con polen de la luz junto al encaje
del hilo blanco y duro del ahogo,
del suave del suspiro
mientras el cuerpo se va yendo a solas.
¿Es que voy a vivir después de tanta
revelación?

»La cama me remueve y me depura
con olor muy de marzo,
con mirada de lluvia entre los pliegues
de la sábana y un

It is the lighting up of happiness
with the timeless silence.
A serious pleasure that of solitude.
And don't look at the sea since it knows everything
when the time is ripe
where thought never reaches
but the sea of the soul does,
but this moment of air in my hands does,
of this peace that awaits me
when the time arrives—
two hours before midnight—
of the third swell, which is mine.

Manuscript of a Breath

'And breath, which is a deep spy,
reveals and pierces me
with I don't know what shining. It's awaiting me
with a workshop and a tombstone
from the very dizziness of the lung's blade
right up to the blind vein
and it's wounding and helping me
tender in its fibre, well boiled cleanly,
and it tacks and sews me
with the pollen of light next to the lace
of the white and hard thread of breathlessness,
of the softness of sigh
while the body is leaving on its own.
Is it that I'm going to live after so much
revelation?

'The bed tosses and purifies me
with a very March-like smell,
with a gaze of rain amid the folds
of the sheet and a

roce de lana virgen.
La oscuridad del tórax, la cal de uva del labio,
la penumbra del hueso y la penumbra
de la saliva,
la médula espinal mal sostenida
por sus alas que duelen
cuando comienza a clarear y llega
un temblor de inocencia.

»La pared medianera
me da como salud, fiebre por gracia,
un desvanecimiento, un nacimiento.
¿Y quién me llama a través de ella, quién
me ha escogido, quién
me está pidiendo algo y no se entrega?
Y tú te me vas yendo,
vas y vienes y vas y estás como perdida,
como huida de nuevo
en el momento que no tiene tiempo,
y vives otra vida, a lo mejor la mía,
de un sueño en cacería que no cura
y ya no espera más, está esperando
el fruto.

»Aviva el vuelo cuando ya no hay viento
aunque te vayas y no vuelvas, aunque
me pidas y te dé. Ya estás sintiendo
cómo se mecen, cómo se cimbrean
suavemente los olmos, hoja a hoja,
en las riberas de la amanecida,
con la precocidad del sufrimiento;
estás sintiendo ahora
este aire de meseta, el que más sabe,
el de tu salvación que no se oye
porque tú eres su música.
Y estás sintiendo cómo
la mayor injusticia de la vida

brushing of virgin wool.
The darkness of the thorax, the grape quicklime of the lip,
the half-light of the bone and the half-light
of saliva,
the spinal cord badly held
by its wings that hurt
when dawn is breaking and a trembling
of innocence arrives.

'The dividing wall gives me
something close to health, fever instead of grace,
a fainting fit, a birth.
And who's calling me through it, who
has chosen me, who's
asking me something and doesn't succumb?
And you're slowly leaving me,
you go and come and go and are as if lost,
as if fled again
in this timeless moment,
and you're living another life, perhaps mine,
of a dream in hunting that doesn't heal
and won't wait any longer, it's expecting
the fruit.

'Quicken your flight when there's no more wind
even if you leave and never return, even if
you ask me and I give you. You're already feeling
how the elm trees are swaying, how they're
smoothly swaying, leaf by leaf,
in the river banks of dawn,
with the precociousness of suffering;
you're feeling now
this plateau air, the most knowledgeable,
the one of your salvation that isn't heard
because you're its music.
And you're feeling how
the worst injustice in life

es el dolor del cuerpo, el del espíritu
se templa con espíritu. Y me sanas,
y yo te doy las gracias por venir
tan delicada que casi te veo.
¿Y qué voy a saber si a lo mejor mañana
es la mañana?»

is the body pain: that of the spirit
is calmed by the spirit. And you heal me,
and I thank you for coming
so delicate that I almost see you.
And what am I to know if perhaps tomorrow
is the morning?'

Interludio mayor

El robo
> *A Philip Silver*
> ... *il fiume, gli zaffiri* ...

I

Ahora es el momento del acoso,
del asedio en silencio,
del rincón de la mano con su curva
y su techumbre de codicia. Ahora
es el momento de esta luz tan tenue,
alta en la intimidad del frío seco,
de este marzo tan solo.
Y hay que pagar el precio, la subasta y el fraude
porque tú has prometido y no has vendido,
y no has sabido lo que se presiente:
la aventura en secreto, la destreza
de tanta duda.
Es el recuerdo ruin y luminoso
y la mano entreabierta con malicia y rapiña
y los dedos astutos ya maduros
con el temblor de su sagacidad.
Es cuando el tacto brilla con asombro y con vicio,
la mirada al trasluz,
la encrucijada a oscuras del dinero.
Es la orfandad del cuerpo que no sabe
ser aún pobre ladrón, sin beneficio.

El aceite es muy íntimo y rebelde,
tan sospechoso como el pulso. Déjalo,
deja que se resbale y que se esconda,
deja que nos ampare y nos anime,
déjalo que me acuse
del delito.

Main Interlude

The Theft
> *To Philip Silver*
> *. . . il fiume, gli zaffiri . . .*

I

Now is the moment of harassment,
of the siege in silence,
of the corner of the hand with its curve
and its roof of greed. Now
is the moment of this so faint light,
high in the intimacy of the dry cold,
of this so lonely March.
And you have to pay the price, the auction and the fraud,
because you promised and didn't sell,
and you haven't noticed what was foretold:
the adventure in secret, the dexterity
of so many a doubt.
This is the vile and bright memory,
and the half-open hand, malicious and thieving,
and the cunning fingers now mature
with the shaking of their shrewdness.
This is when the touch shines astonished and depraved,
the gaze against the light,
the crossroads in darkness of money.
This is the orphanage of the body that won't
be a poor thief, without benefit.

The oil is very intimate and stubborn,
as suspicious as the pulse. Let it be,
let it slide and hide,
let it protect and encourage us,
let it accuse me
of the crime.

Tú recuerda cómo antes un olor a castaño,
a frambuesa, a cerezo, a caña dulce,
a la armonía de la ropa al raso
te alumbró, te dio techo, calle, adivinación
y hasta hoy libertad
entre perfidia y bienaventuranza.
Ahora es el momento de la llave,
de la honda cerradura. Acierta o vete.

Así, al acecho, entre los dos ladrones,
la incertidumbre de la soledad,
tanto delirio en manos
húmedas de oro,
con la prudencia de la encina oyendo
la señal de la liebre,
el raíl, el alambre
junto al cauce del río hoy muy templado,
te doy las piedras blancas del destino.
Grábalas con tu aliento
para que sepas que lo que has ganado
tú lo has perdido.

II

No lo has perdido. Espera.
Cualquiera sabe y menos ahora cuando
te has olvidado de entregar al aire
el alma,
y cuanto más respiras más se te va yendo
y te llama, y ya nunca . . .
Pero tu cuerpo y la uva moscatel
que es quemadura en luz,
la fiebre y la sorpresa,
aún te descubren, en alta intemperie
mientras los dedos suenan, se hacen ágiles
y hasta familiares con bóveda de humo.

Remember before, how a scent of chestnut tree,
of raspberry, of cherry tree, of sugar cane,
of the harmony of laundry in the open air
lit you up, gave you a roof, an address, foresight,
and even today freedom
amid perfidy and joy.
Now is the moment of the key,
of the deep lock. Hit or leave.

Thus, on the lookout, between two thieves,
the uncertainty of solitude,
such delirium in hands
moist with gold,
with the caution of the holm oak hearing
the signal of the hare,
the rail, the wire
alongside the course of the river, very calm today,
I give you the white stones of fate.
Engrave them with your breath
so you know that what you gained
you've lost.

II

You haven't lost it. Wait.
Who knows, and much less now that
you've forgotten to hand over your soul
to the air,
and the more you breathe, the more it leaves you
and calls you, and never again . . .
But your body and the muscat grape
that is a burn in light,
the fever and the surprise,
still discover you, out in the wide open
while your fingers crack, they become agile
and even familiar with a vault of smoke.

¿Y tú qué esperas? ¿Qué temes ahora?
¿La claridad de nuevo, el riesgo, la torpeza
o la audacia serena de tu rebeldía
junto a la alevosía de la noche
y la estrategia de la sombra en niebla
de aquellas lilas que fueron tu ayuda
con olor a azucena
donde te refugiaste y poco a poco
huiste de tu muerte, de aquel crimen,
mientras vas . . . ?
Tú bien sabes adónde y lo has sabido siempre.

Pero llega el dominio del oficio,
el del hierro solemne y el acero perverso,
los goznes decorados, la locura del clavo,
el ritmo cincelado
sin notarse la huella de la cruel soldadura,
y la cabeza del tornillo abriendo
el giro y el encaje
de la bisagra;
la lira de la llave, el astil taladrado y bien pulido,
iluminado entre los pliegues limpios
marcados por la luz, por el azufre,
por el humo de sal y de carbón.

Nadie ha vencido pero no te han dado
libertad sino honda
esclavitud.
Lo que es desgracia es descubrimiento
y nacimiento.
No es el dolor sino es el sacrilegio
entre el metal y el alma
mientras la alondra nueva canta en las heridas
secas y solas de la cerradura.
¿Y lo que buscas es lo que tú amas?
Tú calla y no recuerdes. ¡Y las llaves al mar!

And what did you expect? What are you afraid of now?
Is it clarity again, the risk, the clumsiness
or the calm boldness of your rebellion
besides the premeditation of the night
and the strategy of the misty shadow
of those lilacs that were your prop
with their lily-like fragrance
where you took shelter and little by little
fled from your death, from that crime,
while you're going . . . ?
You very well know where to and you've always known.

But here comes the mastery of the trade,
that of the solemn iron and the wicked steel,
the wrought hinges, the madness of the nail,
the engraved rhythm
without noting the trace of the cruel soldering,
and the head of screw opening
the swing and the socket
of the hinge;
the lyre of the key, the drilled and well-polished haft,
lit up amid the clean folds
marked by the light, by the sulphur,
by the smoke of salt and of coal.

No one has prevailed but they have given
not freedom but deep
slavery.
What is disgrace is discovery
and birth.
It isn't pain but the sacrilege
between the metal and the soul
while the young lark sings in the dry and lonely
wounds of the lock.
And is what you seek what you love?
Just be quiet and don't remember. And toss the keys into the sea!

III

No te laves las manos y no cojas arena
porque la arena está pidiendo noche,
la desnudez del sueño,
grano de mirto.
Buscaste casa donde no hubo nadie,
cerca del río,
pero el destino había ya hecho duro
resplandor en las alas de la infancia.
Tú vas por el camino, que es el del sufrimiento,
de la ilusión, de la ambición, tortura,
con el trastorno de la lejanía.
Eres ladrón. Espera.
Mira el lirio del valle, los pinares
entrando en la ciudad cuando hoy apenas
hay tráfico, alarma
de policía.
Cada paso que des es peligroso
entre escombros y ruinas donde crece la malva
tan impaciente como
la media luna delicada en nácar
de la uña tocada,
del juego de la yema de los dedos.
Sigue con calma y llega hasta el altar,
llega furtivo en danza
hasta la plata viva, hasta el oro del cáliz,
hasta el zafiro y hasta la esmeralda;
llega hasta tu saliva que maldice,
suave y seca, a tu cuerpo.

Y fluye el Duero ilusionadamente...
Estás llegando a tanta claridad
que ya ni ves que está la primavera
sobria en los chopos ahí enfrente. Pero,
¿tú qué te has hecho?
¡Si has tenido en tus manos

III

Don't wash your hands and don't pick up sand
because the sand is seeking night,
the bareness of sleep,
grain of myrtle.
You searched for a house where there was no one,
beside the river,
but fate had already made a hard
glow on the wings of childhood.
You walk the path, that of suffering,
of illusion, of ambition, torture,
disturbed by the distance.
You're a thief. Wait.
Look at the lily of the valley, the pine groves
on entering the city when today there's
scarcely any traffic, police
sirens.
Every step you'll take is dangerous
amid rubble and ruins where the mallow grows
as impatiently as
the half moon, delicate in nacre,
of the pressed fingernail,
of the game of the finger tips.
Move on calmly and reach the altar,
reach in a silent dance
the bright silver, the gold of the chalice,
the sapphire and the emerald;
reach your saliva that curses,
mild and dry, your own body.

And the thrilled Duero flows on . . .
You're reaching such clarity
you won't even notice that the sober
spring is in those poplars right in front of you. And,
what have you done to yourself?
But you had the truth

la verdad!
No has podido salir de la marea
de esta ventana milagrosa y cierta
que te ahoga y te ahorca.
La erosión de la piedra
eres tú,
solo y ocre en el ábside.
¡Pero si eres tú mismo, tú, con la agria
plasticidad de proa de tu rostro
siglo a siglo, día a día,
en transfiguración!
Tú, con tu vida entera
que despierta y que llama a la ciudad
mientras está cantando por las calles
la mañana que roba a la mañana,
tanto tiempo que roba hasta el amor
y hasta a mí mismo, sin saber quién eres,
viejo ladrón sin fuga.
¡Si estás vivo, estás vivo! Enhorabuena.

in your hands!
You couldn't get out of the tide
of this miraculous and sure window
that drowns and hangs you.
You are
the erosion of the rock,
alone and ochre in the apse.
But it's yourself, you, with the bitter
expression of a figurehead on your face
century after century, day after day,
in transfiguration!
You, with your whole life
waking up and calling the city
while the morning that robs the morning
is singing through the streets,
for so long that it robs even love
and even myself, not knowing who you are,
old thief without an escape.
But you're alive, you're alive! Congratulations.

De amor ha sido la falta

Aquí ya está el milagro,
aquí, a medio camino
entre la bendición, entre el silencio,
y la fecundación y la lujuria
y la luz sin fatiga.
¿Y la semilla de la profecía,
la levadura del placer que amasa
sexo y canto?
Esta noche de julio, en quietud y en piedad,
sereno el viento del oeste y muy
querido me alza
hasta tu cuerpo claro,
hasta el cielo maldito que está entrando
junto a tu amor y el mío.

«The Nest of Lovers»
(Alfriston)

Y llegó la alegría
muy lejos del recuerdo cuando las gaviotas
con vuelo olvidadizo traspasado de alba
entre el viento y la lluvia y el granito y la arena,
la soledad de los acantilados
y los manzanos en pleno concierto
de prematura floración, la savia
del adiós de las olas ya sin mar
y el establo con nubes
y la taberna de los peregrinos,
vieja en madera de nogal negruzco
y de cobre con sol, y el contrabando,
la suerte y servidumbre, pan de ángeles,
quemadura de azúcar, de alcohol reseco y bello,

Love's Been at Fault

Here now is the miracle,
here, half-way
amid blessing, amid silence,
and fertilization and lust
and inexhaustible light.
And the seed of prophecy,
the leaven of pleasure that mixes
sex and song?
This July night, tranquil and merciful,
the calm and very beloved westerly
wind raises me
up to your clear body,
up to the cursed heaven that's entering
along with your love and mine.

'The Nest of Lovers'
(Alfriston)

And happiness arrived
far away from the memory when the seagulls
with oblivious flight pierced with dawn
amid the wind and the rain and the granite and the sand,
the solitude of cliffs
and the apple trees in full concord
of premature blooming, the sap
of the waves' farewell now without a sea
and the cowshed with clouds
and the tavern for pilgrims,
old in blackish walnut timber
and of sunlit copper, and the smuggling,
the fortune and servitude, bread of angels,
burning of sugar, of very dry and beautiful alcohol,

cuando subía la ladera me iban
acompañando y orientando hacia . . .

Y yo te veo porque yo te quiero.
Non era la juventud, era el amor
cuando entonces viví sin darme cuenta
con tu manera de mirar al viento,
al fruto verdadero. Viste arañas
donde siempre hubo música
lejos de tantos sueños que iluminan
esa manera de mirar las puertas
con la sorpresa de su certidumbre,
pálida el alma donde nunca hubo
oscuridad sino agua
y danza.

Alza tu cara más porque no es una imagen
y no hay recuerdo ni remordimiento,
cicatriz en racimo, ni esperanza,
ni desnudo secreto, libre ya de tu carne,
lejos de la mentira solitaria,
sino inocencia nunca pasajera,
sino el silencio del enamorado,
el silencio que dura, está durando.

Y yo te veo porque yo te quiero.
Es el amor que no tiene sentido.
El polvo de la espuma de la alta marea
llega a la cima, al nido de esta casa,
a la armonía de la teja abierta
y entra en la acacia ya recién llovida
en las alas en himno de las gaviotas,
hasta en el pulso de la luz, en la alta
mano del viejo Terry en su taberna mientras
toca con alegría y con pureza
el vaso aquel que es suyo. Y llega ahora
la niña Carol con su lucerío,

when I walked up the hillside they
came along guiding me toward . . .

And I see you because I love you.
It wasn't youth, it was love
when back then, without noticing, I lived
with your way of looking at the wind,
at the true fruit. You saw spiders
where there was always music
far from so many dreams that light up
your way of looking at doors
with the surprise of their certainty,
the soul pale where there was never
darkness but water
and dance.

Raise your face higher because it's not an image
and there's no memory or remorse,
no clustered scar, or hope,
or secret nude, free now from your flesh,
far from the lonely lie,
but never-fleeting innocence,
but the lover's silence,
the silence that lasts, that is lasting.

And I see you because I love you.
It is love that doesn't make sense.
The dust of foam in the high tide
is reaching the peak, the nest of this house,
the harmony of the open roof-tile
and enters the acacia now just rained-on
in the hymnal wings of the seagulls,
even the pulse of light, the high
hand of good old Terry in his tavern while
he's touching happily and purely
that glass that is his own. And now
the girl Carol arrives shining very brightly,

y la beso, y me limpia
cuando menos se espera.

Y yo te veo porque yo te quiero.
Es el amor que no tiene sentido.
Alza tu cara ahora a medio viento
con transparencia y sin destino en torno
a la promesa de la primavera,
los manzanos con júbilo en tu cuerpo
que es armonía y es felicidad,
con la tersura de la timidez
cuando se hace de noche y crece el cielo
y el mar se va y no vuelve
cuando ahora vivo la alegría nueva,
muy lejos del recuerdo, el dolor solo,
la verdad del amor que es tuyo y mío.

Momento de renuncia

Ahora me salen las palabras solas
y te estoy esperando
junto al viento envidioso de la luz,
muy cerca de la plaza. Y estoy viendo
los tobillos recién amanecidos
sonando a horno. Es la primera curva
querida, vena a vena,
antes de entrar en el misterio. Cómo
se me está abriendo el día. Y es por vuestras
caderas hondas nunca por los muslos,
ese olor a sobaco que madura
con sudor que yo quiero y huele a trigo
salino, a brea, a fiebre de madera,
a ilusión de la infancia
fácil de despertar como a los hombros
risueños, pero astutos,

and I kiss her, and she cleanses me
when least expected.

And I see you because I love you.
It is love that makes no sense.
Lift your face now at a slant
with transparency and without fate around
the promise of spring,
the apple trees with gladness in your body
that is harmony and is joy,
with the polish of shyness
when it gets dark and the heavens grow
and the sea leaves and doesn't return
when now I live the new happiness,
far away from the memory, the very grief,
the truth of love that is yours and mine.

Moment of Refusal

Now I come up with words easily
and I'm waiting for you
next to this wind envious of light,
very near the square. And I can see
the ankles just dawned
sounding like an oven. It's the first curve
I want, vein by vein,
before entering the mystery. How
the day is breaking for me. And it is for your
deep hips never for your thighs,
that armpit odour that matures
with a sweat I want and smells like salty
wheat, like pitch, like wood fever,
like a childhood illusion
easy to awaken like smiling
but subtle shoulders,

color de ala de aquella paloma
que vuela por la plaza
remontándose en giro de lujuria.

En esta plaza de dorado espacio
donde la piedra danza con su sombra
llega el placer de todos los sentidos,
y la visitación de benavides,
y la alegría de la carne, el puro
cuerpo festivo cuando canta el gallo
a lo oscuro,
y el trino ágil del pezón moreno,
y el ombligo que aclara
tanto beso y ya tanta
noche de las rodillas como desamparadas,
con tristeza y con lirio,
y el humo hueco de la piel perdida
sin lunares ni asilo,
y la lascivia limpia de los ojos
con mil mentiras en cada mirada
esbelta de dinero y de aguamiel,
y los labios sin bridas y sin pétalos,
y el pelo que reluce,
suelto y bravío,
y el resplandor de la renuncia . . .

Desde esta plaza a cielo descubierto
que es manantial y se oye
el ansia viva en cada movimiento
estoy perdiendo cada vez más alma
aunque gane en sentido.
Estoy cantando lo que nunca es mío.
Quiero hacer cuerpo luz,
música de la luz, concha y vidriera.
Y la imaginación ya tiene viento,
el pensamiento tiene ya tempero,
el sueño aún duda pero se hace claro

the colour of that pigeon's wing
flying through the square
soaring in a whirl of lust.

In this square of golden space
where the stone dances with its shadow
the pleasure of all the senses arrives,
and benavides' visitation,
and the happiness of the flesh, the pure
festive body when the cock crows
to darkness,
the agile trill of the brown nipple,
and the navel that clarifies
many a kiss and now many
a night of desolate knees,
with sadness and with iris,
and the hollow smoke of the lost skin
without moles or shelter,
and the clean lust of the eyes
with a thousand lies in every gaze
gracious with money and honey-water,
and the lips without bridles or petals,
and the hair shining,
loose and spirited,
and the shining of refusal . . .

From this open-air square
that is a water-spring and one can hear
the intense longing in every movement
I'm losing my soul by the minute
though I'm gaining in sense.
I'm singing what is never mine.
I want to turn my body into light,
light into music, shell, and stained-glass window.
And imagination has its own wind now,
thoughts have their season now,
dreams are still hesitant but they're becoming clearer

con la vivacidad del frío límpido
que templa hondo desde las riberas
del Tormes. Basta sólo
la mañana sin fin que entra y desea
en vuestro cuerpo que es el mío. Basta
la verdad misma, una emanación.
Bajo mi cara más, ya sin distancia.
Hay que limpiar el aire y hay que abrir
el amor sin espacio,
gracia por gracia y oración por vicio.
Y me dejo llevar, me estáis llevando
hacia la cita seca, sin vivienda,
hacia la espera sin adiós, muy lejos
del amor verdadero, que es el vuestro.

Lamento a Mari

Casi es mejor que así llegue esta escena
porque no eres figura sino aliento.
La primavera vuelve mas no vuelve
el amor, Mari. Y menos mal que ahora
todo aparece y desaparece.
Y menos mal que voy tan de mañana
que el cuerpo no se entrega, está perdido.
¿Es lo que fue, lo que es, lo que aún espera
remordimiento, reconciliación
o desprecio o piedad? Y ya no hay celos
que den savia al amor, ni ingenuidad
que dé más libertad a la belleza.
¿Quién nos lo iba a decir? ¿Y quién sabía,
tras la delicadeza envejecida,
cuando ya sin dolor no hay ilusión,
cuando la luz herida se va a ciegas
en esta plaza nunca fugitiva
que la pureza era la pureza,

with the liveliness of the limpid cold
that cools down deep from the banks
of the Tormes. It's just enough
the endless morning that enters and desires
in your body which is mine. It's enough,
the very truth, an emanation.
I bow my face lower, now without distance.
The air must be cleansed and the spaceless love
must be opened,
grace for grace and prayer for vice.
And I am carried away, you're carrying me
toward the dry rendezvous, homeless,
toward the waiting without a farewell, far away
from true love, which is yours.

Lament to Mari

Maybe it's better if this scene arrived thus
because you're not a figure but breath.
Spring returns but love doesn't
return, Mari. And thank goodness that now
everything appears and disappears.
And thank goodness I'm going so early in the morning
that the body doesn't yield, and is lost.
Is it what used to be, what now is, what still expects
remorse, reconciliation
or disdain or pity? And there's no longer jealousy
that gives sap to love, or naivety
that gives more freedom to beauty.
Who would have said so? And who knew,
after the aged gentleness,
when now painless there's no hope,
when the wounded light leaves blindly
in this never fleeing square,
that purity was purity,

que la verdad no fue nuestra verdad?
¿Quién buscó duración? ¿Quién despedida?
Ya no hay amor y no hay desconfianza,
salvación mentirosa. Es la miseria
serena, alegre, cuando aún hace frío
de alto páramo, Mari, y luce el día
con la ceniza en lluvia, con destello
de vergüenza en tu cara y en la mía,
con sombra que maldice la desgracia.
¡Qué temprano, qué tarde, cuánto duran
esta escena, este viento, esta mañana!

Con los cinco pinares

Con los cinco pinares de tu muerte y la mía
tú volverás. Escucha. La promesa besada
sobre tu cicatriz sin huella con racimo en silencio
nos da destino y fruto en la herida del aire.

Si yo pudiera darte la creencia y los años,
la visión renovada esta tarde de otoño
deslumbrada y segura sin recuerdo cobarde,
vileza macilenta, sin soledad ni ayuda . . .

Es el amor que vuelve. ¿Y qué hacemos ahora
si está la alondra de alba cantando en la resina
de los cinco pinares de tu muerte y la mía?
Fue demasiado pronto pero ahora no es tarde.

¡Si es el amor sin dueño, si es nuestra creación:
el misterio que salva y la vida que vive!

that the truth was never our truth?
Who sought duration? Who farewell?
There's no love any longer and there's no distrust,
deceitful salvation. It is the calm
happy misery, when it's still cold
as in the upper plains, Mari, and the day shines
with ash in rain, with a glimmer
of shame on your face and on mine,
with a shadow that curses misfortune.
How early, how late, how long do they last,
this scene, this wind, this morning!

With the Five Pine Groves

With the five pine groves of your death and mine
you will come back. Listen. The promise kissed
on your traceless scar with a quiet cluster
shows our fate and fruit in the wound of the air.

If I could give you the belief and the years,
the renewed vision this autumn afternoon
dazzled and sure without a cowardly memory,
wan vileness, without solitude or help . . .

It is love returning. And what are we to do now
since the dawn lark is singing in the resin
of the five pine groves of your death and mine?
It was too early but now's not too late.

But it's love without a master, but it's our creation:
the mystery that saves and the life that lives!

Segundo interludio de enero

Un brindis por el seis de enero

Heme aquí bajo el cielo,
bajo el que tengo que ganar dinero.
Viene la claridad que es ilusión,
temor sereno junto a la alegría
recién nacida
de la inocencia de esta noche que entra
por todas las ventanas sin cristales,
de mañana en mañana
y es adivinación y es la visión,
lo que siempre se espera y ahora llega,
está llegando mientras alzo el vaso
y me tiembla la mano, vida a vida,
con milagro y con cielo
donde nada oscurece. Y brindo y brindo.
Bendito sea lo que fue maldito.
Sigo brindando hasta que se abra el día
por esta noche que es la verdadera.

Balada de un treinta de enero

Alguien llama a la puerta y no es la hora.
Algo está cerca, algo se entreabre.
¿Y cómo la creencia se está haciendo
misteriosa inocencia,
momento vivo cuando aún los años,
en rebeldía, enseñan
soledad o placer? Desde estas piedras
que se estremecen al juntarse igual
que cruz o clavo
de cuatro puntas,

Second January Interlude

A Toast for the 6th of January

Here I am beneath the sky,
beneath which I have to earn money.
Clarity comes, it is a thrill,
calm fear along with the newborn
joy
from the innocence of this night that enters
through all the windows without glasses,
from morning to morning
and is divination and is the vision,
what is always expected and now arrives,
it's arriving as I lift my glass
and my hand shakes, life to life,
with miracle and with sky
where nothing darkens. And I toast and toast.
Blessed be that which was cursed.
I keep toasting until daybreak
for this night which is the true one.

Ballad of a 30th of January

Someone's knocking at the door and it isn't time yet.
Something's nearby, something's half-opening.
And how is it belief's becoming
mysterious innocence,
a vivid moment if still the years,
in despite, teach
solitude or pleasure? From these stones
that shudder on joining like
a cross or a four-pointed
nail,

¿se oye la señal?
¿Se oye cómo el agua
se está hablando a sí misma para siempre?

Y oigo las aristas de la espiga,
el coro de los sueños y la luz despiadada,
preso de tanta lejanía hacia
el viento del oeste y el polvo del cristal,
la pobreza en ceniza,
tanta alegría hacia la claridad,
tanta honda invernada.
Y el cuerpo en vilo
en la alta noche que ahora
se ve y no se verá
y no tendrá respiración siquiera.

Y los niños jugando a nieve y nieve en la plaza del aire,
con transparente redención.
El tiempo, la traición de óvalo azul,
de codicia y envidia,
y esta pared con sombra.
Esta señal certera, esta llamada,
este toque con calma ya maduro.
¡Y qué iba yo a saber si estaba ahí
llamando puerta a puerta, entre las calles,
muy descaradamente,
con el deslumbramiento de las manos
hoy tan huecas y vivas,
con escayola! No he tenido tiempo.
Es el día, es el día.
Y la madera aérea, con granizo
y las heridas del cristal heladas,
el latido de enero y el frío luminoso.

Alguien llama a la puerta. Doloroso
es creer. Pero se abren
de par en par las palmas de las manos;

can you hear the signal?
Can you hear how water
is forever speaking to itself?

And I hear the beards of the wheat-ear,
the choir of dreams and the pitiless light,
overcome by such distance toward
the west wind and the dust on the window glass,
the poverty in ashes,
such happiness toward the clarity,
such a deep winter season.
And the body in suspense
in the small hours that now
are seen and won't be seen,
and won't even have breath.

And the children playing with snow in the open square,
with transparent redemption.
Time, the betrayal of a blue oval,
of greed and envy,
and this wall giving shade.
This accurate signal, this call,
this calm knocking, now mature.
And how should I know it was there
knocking from door to door, through the streets,
very barefacedly,
with the dazzling of its hands
so empty and lively today,
with plaster cast! I haven't had time.
It's the day, it's the day.
And the aerial wood, with hail,
and the frozen wounds on the window glass,
the beat of January and the bright cold.

Someone's knocking at the door. Believing
is painful. But the palms
of its hands are opening wide;

los nudillos gastados
piden, cantan
en el quicio que es mío este treinta de enero,
y el dintel sin malicia
con la fragilidad del sueño arrepentido
entre las ramas bajas del cerezo.
Ya todo se va alzando. Y estoy viendo
una crucifixión de espaldas. Huelo ahora
a esta resina, a este serrín sin polvo.

Es ahora la hora. Y qué más da.
Sea a quien sea sal y abre la puerta.
¿Al mensajero de tu nacimiento?

the worn-out knuckles
are begging, singing
on this jamb that's mine on this 30th of January,
and the lintel without malice
with the fragility of repentant dream
amid the low branches of the cherry tree.
Now everything is rising. And I am seeing
a crucifixion from behind. I smell now
like this resin, like this sawdust without dust.

Now's the moment. It doesn't matter.
Whoever it may be, go and open the door.
To the messenger of your birth?

Nunca vi muerte tan muerta

Los almendros de Marialba

Las heladas tardías
entre un febrero poco a poco íntimo
y un marzo aún muy miedoso,
la rama noble tras la poda seca,
la nerviación de la hoja tierna como
el recuerdo sin quicios ni aleteos,
la templanza, el cultivo
con el aceite blanco del invierno,
¿todo es resurrección?

No se los ha llevado la crecida del río,
sin posible remanso, como entonces,
a estos almendros de Marialba. Ahora
es el prodigio enfrente, en la ladera
rojiza. Hay que mirarlos
con la mirada alta, sin recodos,
esperando este viento tan temprano,
esta noche marchita y compañera,
este olor claro antes
de entrar en el tempero de la lluvia,
en el tallo muy fino de la muerte.

Cuántas veces estuve junto a esta cuna fría,
con la luz enemiga,
con estambres muy dulces de sabor,
junto a estas ramas sin piedad. Y hoy
cómo respiro este deslumbramiento,
esta salud de la madera nueva
que llega germinando
con la savia sin prisa de la muerte.
Sin prisa, modelada
con el río benigno

I Never Saw so Dead a Death

The Almond Trees of Marialba

The late frosts
between a gradually intimate February
and a still too scared March,
the branch, fine after its withered pruning,
the nervation of the tender leaf like
a memory without jambs or wing-flutters,
the mildness of the weather, the farming
with the white oil of winter,
is all of it resurrection?

The rise of the river hasn't carried them off,
with an impossible backwater, as before,
these almond trees of Marialba. Now
it is the wonder before us, on the reddish
hillside. They must be looked at
with a haughty gaze, without bends,
waiting for this so early wind,
this faded and companionable night,
this clear smell before
entering the right dampness of soil,
in death's very slim stalk.

Many a time I stayed next to this cold cradle,
with its hostile light,
with stamens very sweet to the taste,
next to these merciless branches. And today
how I breathe this dazzle,
this health of the new timber
that arrives germinating
with the unhurried sap of death.
Unhurried, shaped
by the benign river

entre el otoño del conocimiento
y el ataúd de sombra tenue, al lado
de estos almendros esperando siempre
las futuras cosechas,
¿todo es resurrección?

Nunca en reposo, almendros
de Marialba
porque la tierra está mullida y limpia,
porque la almendra está durando apenas
alta y temblando
con su fidelidad, su confianza,
muy a medida de las manos que ahora
se secan y se abren
a la yema y al fruto,
a la fecundación, a la fatiga,
a la emoción del suelo
junto a la luz sin nidos.
¿Todo es resurrección?

Hay un suspiro donde ya no hay aire,
sólo el secreto de la melodía
haciéndose más pura y dolorosa
de estos almendros que crecieron antes
de que inocencia y sufrimiento fueran
la flor segura,
purificada con su soledad
que no marchita en vano.
Y es todo el año y es la primavera
de estos almendros que están en tu alma
y están cantando en ella y yo los oigo,
oigo la savia de la luz con nidos
en este cuerpo donde ya no hay nadie
y se lo lleva, se lo está llevando
muy lejos y muy lejos,
allá, en el agua abierta,
allá, con la hoja malva,
el río.

between the autumn of knowledge
and the coffin of faint shadow, next to
these almond trees forever awaiting
the future harvests,
is it all resurrection?

Never at rest, the almond trees
of Marialba,
because the soil is hoed and clean,
because the almond is barely lasting
tall and trembling
with its loyalty, its confidence,
just right for the hands that now
are drying up and opening
to the bud and to fruit,
to fertilizing, to fatigue,
to the excitement of the ground
by the light without nests.
Is all of it resurrection?

There's a sigh where there's no longer any air,
only the secret of the melody,
becoming purer and more painful,
of these almond trees that grew before
innocence and suffering were
the assured flower,
purified with its solitude
that doesn't wither in vain.
And it's the whole year and it's the spring
of these almond trees that are in your soul
and are singing in it and I hear them,
I hear the sap of the light with nests
in this body where there's no one any longer
and the river
carries it out, is carrying it out
far and far away,
over there, to the open water,
over there, with the mauve leaf.

Sin epitafio

Levanta el vuelo entre los copos ciegos
de cada letra. Deja
a esta inocencia que se está grabando
en el centro del alma. Deja, deja
tanto misterio y tanta cercanía,
tanto secreto que es renacimiento.
La vida se adivina. Vete. Fue
esta armonía de dolor y gracia,
tanta felicidad que es la verdad
y ahora alumbra tu oficio
con su silencio fugitivo, en son
sereno como de agua a mediodía.
Levanta el vuelo. No entres
en este cuerpo entero:
donde está amaneciendo.

El cristalero azul
(La muerte)

«¡El cristalero azul, el cristalero
de la mañana!» Y te vas cojeando,
silbando. Entra en el baile
sin funeral, con son de nacimiento
hablando con los hombres pasajeros
cuando el camino llega hasta la cima
y lo invisible es transparencia en llama
como el olor a hoguera de noviembre.
Dentro de poco, ¿quién oirá siquiera
al girasol que nadie verá nunca?
Todo es oscuro pero tú eres clara.
La vida impura pero tú eres pura.
Entra con limpia audacia,
enterrada en tus alas,

Without an Epitaph

Take to the air amid the blind snowflakes
of each letter. Leave
this innocence that's being carved
in the core of the soul. Leave, leave
many a mystery and many a closeness,
many a secret that is rebirth.
Life's revealed. Go away. It was
this harmony of pain and grace,
so much happiness that is truth
and now lights up your function
with its fleeting silence, in a calm way
like that of water at midday.
Take to the air. Don't enter
this intact body:
where day is dawning.

The Blue Glazier
(Death)

'The blue glazier, the glazier
of the morning!' And you go along limping,
whistling. Enter the dance
without a funeral, with a song of birth
speaking to the passers-by
when the path reaches the peak
and the invisible is transparency in flame
like the smell of a bonfire in November.
In a little while, who will even hear
the sunflower that no one will ever see?
Everything's dark but you are clear.
Life impure, but you are pure.
Enter with clean boldness,
buried in your wings,

entra en el baile,
en cada letra de este nombre, en esta
lápida que es secreto y sacrificio,
y fruto y salvación.
Los pliegues vivos de tu falda al viento
en oración y en himno
y tu cintura como agua de fuente,
cuando el amor apenas se ha perdido
pero vacila, y no se sabe, y toca,
¿van a darme piedad? Llega esta muerte
que es la primera y nada más en torno
a la desenvoltura de la fecha
con mirada inocente,
con el deslumbramiento de su huella
que seduce, en relieve
de lascivia y de espera.
¿Quién lo diría? ¿O es
la presencia del alma? Entra en el baile,
danza con cuerpo vivo,
con gracia altiva y bella
dame la mano y deja
tu pañuelo en el aire.
Danza sobre esta lápida.
«¡El cristalero azul, el cristalero
de la mañana!»
Antes de que se oiga
la melodía inacabada ahí quedas,
ahí, muy sola, sola,
sola en el baile.

get into the dance,
into every letter of this name, in this
tombstone that is secret and sacrifice,
and fruit and salvation.
The vivid folds of your skirt to the wind
in prayer and in hymn
and your waist like fountain water,
when love has been barely lost
but hesitates, and is unknown, and feels,
will they grant me mercy? This death arrives,
it's the first one and just around
the ease of this date
with an innocent gaze,
with the dazzle of his trace
that seduces, in relief
of lustfulness and of waiting.
Who would have said so? Or is it
the soul's presence? Get into the dance,
dance with a lively body,
with haughty and beautiful grace,
give me your hand and fling
your headscarf into the air.
Dance on this tombstone.
'The blue glazier, the glazier
of the morning!'
Before the unfinished melody
is heard you remain there,
there, very much alone, alone,
alone in the dance.

Solvet Seclum

No sé por qué he vivido tanto tiempo.
No me voy como huido
porque ahora estoy junto a los de mi mesa.
Es el agua, es el agua, la energía
y la velocidad del cierzo oscuro
con un latido amanecido en lumbre,
y la erosión, la sedimentación,
el limo ocre con arcilla fina
mientras llega la noche y su color,
en la medida luminosa, rápido
entra en el suelo,
en horizontes de la roca madre
y se hace casi azul,
verde claro y caliente
como de valle en música.

Es la disolución, la oxidación,
el milagro olvidado
cuando un copo de nieve quemó un cáliz
y la pobreza de la hoja nocturna,
y los cimientos y los manantiales,
la corrosión en plena
adivinación
y la aniquilación en plena creación,
entre delirio y ciencia.

El campo llano, con vertiente suave,
valiente en viñas...
Cómo el sol entra en la uva
y se estremece, se hace luz en ella,
y se maduran y se desamparan,
se dan belleza y se abren
a su muerte futura...
     ¡Si está claro
antes de amanecer!

Solvet Seclum

I don't know why I've lived so long.
I'm not going away as if in flight
because right now I am beside those at my table.
It's the water, it's the water, the energy
and speed of the dark scherzo
with a throbbing dawned in a fireside,
and the erosion, the sedimentation,
the brownish mud of fine clay
as night comes on, and its colour,
in its luminous way, sprightly
penetrates the earth,
in horizons of mother rock
and becomes almost blue,
a clear and warm green
like a musical valley.

It's the dissolution, the oxidation,
the forgotten miracle
when a snow-flake burned a calyx
and the poverty of the night leaf,
and the roots and the springs,
the corrosion in full
divination
and the annihilation in full creation,
amid delirium and science.

The country plain, gently sloping,
bold with vineyards . . .
How the sun enters the grape
and trembles, becomes light in it,
and they ripen and come away,
yielding beauty and opening
to their future death . . .
                        It's all perfectly clear
before dawn!

El esqueleto entre la cal y el sílice
y la ceniza de la cobardía,
la servidumbre de la carne en voz,
en el ala,
del hueso que está a punto de ser flauta,
y el cerebro de ser panal o mimbre
junto a los violines del gusano,
la melodía en flor de la carcoma,
el pétalo roído y cristalino,
el diente de oro en el osario vivo,
y las olas y el viento
con el incienso de la marejada
y la salinidad de alta marea,
la liturgia abisal del cuerpo en la hora
de la supremacía de un destello,
de una bóveda en llama sin espacio
con la putrefacción que es amor puro,
donde la muerte ya no tiene nombre . . .

Es el último aire. ¡Ovarios lúcidos!
¿Y se oye al ruiseñor?
¿Dónde la cepa nueva,
dónde el fermento trémulo
de la meditación,
lejos del pensamiento en vano, de la vida
que nunca hay que esperar
sino estar en sazón
de recibir, de hijos
a hijos, en la aurora
del polen?

The skeleton amid lime and silica
and the ash of cowardice,
the servitude of the speaking flesh,
on the wing,
of the bone about to be a flute,
and the brain a honeycomb or wicker
beside the worm's violins,
the burgeoning melody of the woodworm,
the gnawed and crystalline petal,
the golden tooth in the living ossuary,
and the waves and the wind
with the incense of its swell
and the saltiness of high-tide,
the deep-sea liturgy of the body in the hour
of the supremacy of a flash of light,
of a vault in flame, spaceless
with the putrefaction that is pure love,
where death is already nameless . . .

It's the ultimate breath. Limpid ovaries!
And can you hear the nightingale?
Where the new vine,
where the palpating ferment
of meditation,
far from futile thought, from life
that one must never await
but be ripe
for receiving, from offspring
to offspring, in the dawn
of pollen?

Secreta

Tú no sabías que la muerte es bella
y que se hizo en tu cuerpo. No sabías
que la familia, calles generosas,
eran mentira.

Pero no aquella lluvia de la infancia,
y no el sabor de la desilusión,
la sábana sin sombra y la caricia
desconocida.

Que la luz nunca olvida y no perdona,
más peligrosa con tu claridad
tan inocente que lo dice todo:
revelación.

Y ya no puedo ni vivir tu vida,
y ya no puedo ni vivir mi vida
con las manos abiertas esta tarde
maldita y clara.

Ahora se salva lo que se ha perdido
con sacrificio del amor, incesto
del cielo, y con dolor, remordimiento,
gracia serena.

¿Y si la primavera es verdadera?
Ya no sé qué decir. Me voy alegre.
Tú no sabías que la muerte es bella,
triste doncella.

Secreta

You didn't know that death is beautiful
and that it was made in your body. You didn't know
that the family, generous streets,
were lies.

But not that rain of childhood,
and not the savour of disappointment,
the shadowless sheet and the unknown
caress.

The light never forgets and does not forgive,
more dangerous with your clarity
so innocent that it says it all:
revelation.

And now I can't even live your life,
and now I can't even live my life
with open hands this evening
wretched and clear.

Now what has been lost is saved
with love's sacrifice, the heaven's
incest, and with grief, remorse,
serene grace.

And if the spring is true?
Now I don't know what to say. I'm going away happy.
You didn't know that death is beautiful,
sad maiden.

Index of First Lines / Índice de primeros versos

A ti, que acariciaste	272
A veces, mal vestido un bien nos viene;	234
Acostumbrados a los días, hechos	216
Ahora es el momento del acoso	366
Ahora me salen las palabras solas	380
Ahora necesito más que nunca	212
Alguien llama a la puerta y no es la hora	388
Antes de que la luz llegue a su ansia	264
Arrodillado sobre	170
Así el deseo. Como el alba, clara	36
Aún los senderos del espacio vuelven	64
Aún no pongáis las manos junto al fuego	106
Baja así, agua del cielo,	116
Basta, pies callejeros	110
Bien sé yo cómo luce	214
Bienvenida la noche para quien va seguro	222
Casi es mejor que así llegue esta escena	384
Cómo conozco el algodón y el hilo de esta almohada	254
Como por estos sitios	202
Cómo se trenza y cómo nos acoge	266
Como si nunca hubiera sido mía,	46
Cómo veo los árboles ahora	72
Con los cinco pinares de tu muerte y la mía	386
Conmigo tú no tengas	210
Cualquier cosa valiera por mi vida	220
Cuando amanece alguien con gracia de tan sencillas	176
Cuando el sollozo llega hasta esta lágrima	272
Cuando tú duermes	308
Cuándo hablaré de ti sin voz de hombre	38
¡Dejad de respirar y que os respire	78
Dejad que el viento me traspase el cuerpo	276
Dentro de poco saldrá el sol. El viento	230
Desde el autobús, lleno	188
Después de tantos días sin camino y sin casa	358
Déjame que te hable en esta hora	230

Dichoso el que un buen día sale humilde	114
Dura y sin hoyo está mi cama ahora	138
«¡El cristalero azul, el cristalero	398
El dolor verdadero no hace ruido.	224
El nombre de las cosas que es mentira	166
El primer surco de hoy será mi cuerpo	48
En cualquier tiempo y en cualquier terreno	244
En esta cama donde el sueño es llanto	228
Es la hora de la puesta	350
Esta cara bonita	192
Esta iluminación de la materia	320
Esta luz cobre, la que más me ayuda	232
Este viento de marzo	316
Estos niños que cantan y levantan	284
Estos ojos seguros	296
Hay algunas mañanas	344
Heme aquí bajo el cielo	388
Hoy con el viento del Norte	218
La arena, tan desnuda y tan desamparada	264
La encina, que conserva más un rayo	34
La luz entusiasmada de conquista	194
La semilla	290
Largo se le hace el día a quien no ama	212
Las heladas tardías	394
Las imágenes, una que las centra	40
Levanta el vuelo entre los copos ciegos	398
Llega otra vez noviembre, que es el mes que más quiero	294
Llegó con un aliento muy oscuro	302
Lo que antes era exacto ahora no encuentra	58
Madera de temblor, sonando en cada veta	310
Me he puesto tantas veces al sol sin darme cuenta	84
Me la están refregando, alguien la aclara	100
Miro la espuma, su delicadeza	186
Ni aun el cuerpo resiste	186
No es que me haya ido; nunca ha estado	68
No olvida. No se aleja	188
No porque llueva seré digno. ¿Y cuándo	44

No sé por qué he vivido tanto tiempo	402
No son cosas de viejas	152
Nunca a tientas, así, como ahora, entra	182
Nunca había sabido que mi paso	50
¡Nunca serenos! ¡Siempre	92
Por mucho que haga sol no seréis puros	88
¿Por qué me está mirando	312
Porque no poseemos	160
¡Que ahora va de verdad, que va mi vida	126
¿Qué clara contraseña	226
¡Qué diferencia de emoción existe	70
Qué distinto el amor es junto al mar	322
¿Qué estáis haciendo aquí? ¿Qué hacemos todos	132
¡Que mi estrella no sea la que más resplandezca	80
¡Que nadie hable de muerte en este pueblo!	136
¿Quién nos calentará la vida ahora	112
Será dentro del tiempo. No la mía	66
¡Si ésa es mi hermana y cose cuarto adentro	124
Si llegase a la nube pasajera	120
¡Si veo las estrellas, si esta viga	102
Siempre me vienen sombras de algún canto	62
Siempre la claridad viene del cielo	32
Siempre será mi amigo no aquel que en primavera	134
Sin vejez y sin muerte la alta sombra	342
¡Sólo por una vez que todo vuelva	42
Sólo se pierde lo que no se ama	306
Tal vez, valiendo lo que vale un día	208
Tanta serenidad es ya dolor	292
Te he conocido por la luz de ahora	318
Tierra de eterno regadío, ahora	106
Todo es nuevo quizá para nosotros	60
Transparente quietud. Frente a la tierra	200
Tú no sabías que la muerte es bella	406
Un día habrá en que llegue hasta la nube.	118
Una mirada, un gesto	158
Veo que no queréis bailar conmigo	142
¿Venderé mis palabras hoy que carezco de	194

Viajero, tú nunca	144
Voy a esperar un poco	86
Y como yo veía	96
Y cualquier día se alzará la tierra	94
Y delicadamente	268
¿Y ésta es tu bienvenida,	236
«Y la respiración que es hondo espía	360
Y llegó la alegría	376
¿Y me rozáis la frente	104
¿Y no hay peligro, salvación, castigo	336
Y para ver hay que elevar el cuerpo	300
Y tú bien sabes cómo	300
... Y va el papel volando	270
Ya bien mediado abril, cuando la luz no acaba	326
Yo me pregunto a veces si la noche	32
Yo quiero ver qué arrugas	196

Index of Titles / Índice de títulos

A las golondrinas	104
A la nube aquella	120
A la respiración en la llanura	78
A las estrellas	80
A las puertas de la ciudad	86
A mi ropa tendida	100
A una viga de mesón	102
Adiós	220
Ahí mismo	318
Ajeno	212
Al fuego del hogar	106
Al ruido del Duero	96
Alto jornal	114
Amanecida	230
Amarras	266
Ante una pared de adobe	106
Arena	264
Balada de un treinta de enero	388
Ballet del papel	270
Brujas a mediodía	152
Calle sin nombre	336
Cantata del miedo	278
Canto del caminar	50
Caza mayor	138
Cáscaras	162
Cielo	212
Ciruelo silvestre	268
Ciudad de meseta	202
Como el son de las hojas del álamo	224
Con los cinco pinares	386
Con media azumbre de vino	92
Cosecha eterna	94
Dando una vuelta por mi calle	110
Dinero	194
El baile de Águedas	142

El canto de linos	88
El cerro de Montamarta dice	118
El cristalero azul	398
El robo	366
Elegía desde Simancas	326
En invierno es mejor un cuento triste	210
Espuma	186
Eugenio de Luelmo	176
Frente al mar	200
Gestos	158
Girasol	192
Gorrión	188
Hacia la luz	300
Hacia un recuerdo	214
Herida en cuatro tiempos	254
Hermana mentira	312
Hilando	292
Incidente en los Jerónimos	126
La contemplación viva	296
La contrata de mozos	132
La mañana del búho	344
La ventana del jugo	290
Lamento a Mari	384
Lágrima	272
Lluvia de verano	116
Lluvia y gracia	188
Lo que no se marchita	284
Los almendros de Marialba	394
Mala puesta	194
Manuscrito de una respiración	360
Mientras tú duermes	308
Momento de renuncia	380
Música callada	310
Nieve en la noche	196
Noche abierta	222
Noche en el barrio	182
Nocturno de la casa ida	350

Noviembre	294
Nuevo día	358
Oda a la hospitalidad	244
Oda a la niñez	236
Perro de poeta	272
Pinar amanecido	144
Por tierra de lobos	170
Porque no poseemos	160
Primeros fríos	112
Revelación de la sombra	342
Salvación del peligro	320
Secreta	406
Siempre será mi amigo	136
Sin adiós	322
Sin epitafio	398
Sin leyes	226
Sin noche	300
Solvet seclum	402
Sombra de la amapola	264
Tan sólo una sonrisa	306
«The Nest of Lovers»	376
Tiempo mezquino	218
Un momento	216
Un bien	234
Un brindis por el seis de enero	388
Un olor	224
Un ramo por el río	136
Un suceso	208
Un viento	276
Una aparición	302
Una luz	232
Viento de primavera	186
Visión a la hora de la siesta	124
Voz sin pérdida	316

www.ingramcontent.com/pod-product-compliance
Lightning Source LLC
Chambersburg PA
CBHW021827220426
43663CB00005B/161